AGUDEZA

AGUDEZA

AGUDEZA

Afilando tu potencial

JUAN VEREECKEN

con JUAN CARLOS "REX" GARCÍA

La misión de Editorial Vida es ser la compañía líder en comunicación cristiana que satisfaga las necesidades de las personas, con recursos cuyo contenido glorifique al Señor Jesucristo y promueva principios bíblicos.

AGUDEZA
Edición en español publicada por
Editorial Vida – 2011
Miami, Florida

© **2011 por Juan Vereecken**

Edición: *Raquel Navarro*
Diseño interior: *Base creativa*

ISBN: 978-0-8297-6160-3

CATEGORÍA: Vida cristiana/Crecimiento Profesional

IMPRESO EN COLOMBIA
PRINTED IN COLOMBIA

11 12 13 ❖ 6 5 4 3 2 1

LIDERE es una organización fundada en el año 2000 por Juan Vereecken y Marcos Witt.

Nace con el claro objetivo de desarrollar una nueva cultura de liderazgo en Latinoamérica a través de conferencias, procesos, pláticas y la creación de materiales.

En la actualidad LIDERE radica en 19 países y en más de 30 ciudades de Iberoamérica, con el único propósito de capacitar y proveer las herramientas necesarias para que los líderes de hoy alcancen su máximo potencial.

El lanzamiento de esta nueva serie será un paso de avance para los líderes ya que tendrán acceso a libros que los confrontarán, inspirarán, retarán y superarán de una forma real y positiva.

De una forma u otra todos somos líderes. Influenciamos en los demás. Es nuestro deseo que los libros de esta serie muestren la experiencia de liderar, enseñen e impacte nuestro mundo exterior.

CONTENIDO

PRÓLOGO

Estoy muy emocionado de escribir el prólogo de este libro. Lo considero un honor. Por un lado admiro a Juan. Su sencillez, claridad de pensamiento y audacia para el liderazgo me entusiasman con cualquier proyecto que él emprenda. Por el otro me entusiasma el tema de este libro. ¡Definitivamente necesitamos tratar este tema!

Juan nos regala una perspectiva fresca, relevante y actual de cómo escoger, equipar y desarrollar a otros líderes. Este libro nos viene como anillo al dedo a aquellos que pretendemos seguir perfeccionando nuestras técnicas de liderazgo en vistas de nuestro propio crecimiento, el de las tareas que tengamos entre manos y también el crecimiento de nuestros liderados. Con astucia y sagacidad Juan tira por tierra algunos prejuicios y desmitifica el proceso de selección de un equipo de líderes. Los factores de este libro son válidos tanto para una empresa, negocio o cualquier tipo de organización.

Quienes lean este libro serán inmediatamente desafiados y motivados. El resultado de leerlo se verá en sus equipos y sus liderados estarán agradecidos de que usted lo haya leído.

DR. LUCAS LEYS
Presidente de Especialidades Juveniles
y Editorial Vida

INTRODUCCIÓN

Hablar de desarrollo personal definitivamente me apasiona; he estudiado y meditado por mucho tiempo sobre este tema y me ha interesado profundamente. Estoy seguro de que entender su importancia va a ser inspirador y transformador para nuestras vidas.

Creo que nosotros mismos nos limitamos cuando no desarrollamos una mente aguda. Hay muchas personas muy genuinas que jamás podrían llegar a ocupar cierta posición en la sociedad simplemente porque no han fomentado una agilidad de mente o la agudeza necesaria para poder **competir** y ser **competentes** en este mundo.

Todos tenemos habilidades y talentos que hay que acrecentar, es nuestra responsabilidad hacerlo para poder influenciar a otros. No podemos dejar ese paquete a nadie más.

Hay muchos que tienen sueños grandes, sin embargo, con mucha frecuencia dejan el balón en la cancha de Dios, o de la «suerte».

Necesitamos ser gente aguda, ágil de mente, con buena percepción y con la habilidad de saber estar consciente en el momento oportuno. Debemos ser individuos enfocados cuya atención no se vaya flotando de aquí para allá, divagando y pensando «bueno, es que soy así, me distraigo mucho...». Si piensas esto con frecuencia respecto de ti mismo, déjame decirte con mucho respeto: Necesitas una nueva perspectiva.

Quiero hacer una observación un poco más fuerte, pero te anticipo que yo soy una persona de fe; eso no significa que este sea un libro religioso, sino que tengo una relación personal con Dios y me apego a los principios establecidos en la Biblia. Por esta razón he vivido décadas observando a la iglesia cristiana, tratando, incluso, de influir en ella. Me parece que uno de los lugares más cómodos para quienes no quieren crecer ha sido la iglesia. Déjame explicar lo que quiero decir, aclarando que es una observación muy personal. Allí todos son aceptados y recibidos, y déjame aclarar que **así debe ser**. Sin embargo, no porque son amados y aceptados tal como son significa que tienen que quedarse así. Pocas veces la gente es desafiada en la iglesia para desarrollar una agudeza mental.

Ya sea como iglesia, compañía u organización, debemos ayudar a cada persona a lograr su máximo potencial en la vida y eso implica todas las áreas de su ser. Somos parte de un mundo muy competido y para vivir en él y poder competir, tenemos que desarrollar una mente ágil, tenemos que llegar a ser personas agudas. Cuando no buscamos madurar de manera intencionada, nos descalificamos a nosotros mismos.

La única manera en la que podremos influenciar este mundo en el que vivimos es siendo lo suficientemente competentes como para poder estar entre gente que a su vez esté siendo una influencia para otros.

Es mi deseo que al leer estas páginas yo pueda animarte a tomar una decisión: la de impactar el mundo en el que vives siendo una persona aguda. Por favor… ¡no te limites!

NOTA: Comparto la autoría de este libro con Juan Carlos García, quien al inicio de cada capítulo nos cuenta una historia fascinante que ilustra cada principio. Leerás acerca de personajes inolvidables y situaciones extraordinarias que ejemplifican los factores que contribuyen al desarrollo de la agudeza en nuestras vidas.

Capítulo 1

AFINANDO EL ENFOQUE...

AFINANDO EL ENFOQUE

¿**Y**a leíste la introducción? Me estoy riendo porque hay muchas personas que son iguales a mí, se brincan al capítulo 1 cuando comienzan a leer un libro. La primera instrucción es: regresa a leer la introducción, porque sin ella puedes estar perdido por un rato en este libro...

Ahora sí, continúa adelante.

Para poder operar en un nivel competitivo tenemos que estar afilando constantemente las áreas de nosotros mismos que tenemos bajo nuestra responsabilidad. ¿Cuáles? Voy a mencionar cinco áreas en las que debemos enfocarnos.

1. **Nuestra mente**
   Dios nos dio a todos una mente y luego nos entregó el poder de hacer con ella lo que quisiéramos. Hay que educarla, disciplinarla, hacerla aguda y ágil.

2. **Nuestro temperamento**
   Todos tenemos diferentes temperamentos, por ejemplo yo soy colérico y no soy muy relacional por naturaleza. Sin embargo, me he dado cuenta de eso y he tenido que desarrollarme en esa área. Tengo un gran amigo que es muy relacional, su nombre es Marcos Witt. Algo que me ha ayudado mucho han sido las veces que estoy con él porque veo cómo es su personalidad, lo fácil que se relaciona con la gente y aprendo observándolo.

3. **Nuestra voluntad**
   Se nos ha dado una voluntad y tenemos que ejercerla

responsablemente. El poder de decisión es una de las cosas más poderosas que existe, no podemos hacerlo a un lado, tenemos que afilar nuestra habilidad de tomar buenas decisiones.

4. **Nuestras emociones**
Somos seres emocionales y tenemos que aprender a controlar nuestras emociones y usarlas para bien, para el desarrollo de nuestras relaciones.

5. **Nuestro cuerpo**
Todos tenemos un cuerpo que hay que cuidar y desarrollar. ¿Te das cuenta de que hay estudios que nos dicen y comprueban que muchas veces las personas consiguen un empleo por su apariencia física? También reciben cargos y se les abren puertas por la forma como se ven físicamente. Todos podemos vernos bien y estar en forma, pero verse bien requiere trabajo.

Apreciamos la agudeza en otros

Todos queremos personas agudas a nuestro alrededor y más contar con alguien así cuando nuestra vida depende de sus habilidades. Eso lo sabemos muy bien. ¿Qué tal si te subieras a un avión y al pasar para tomar tu lugar voltearas a la cabina del piloto y lo vieras con pantuflas, los pies subidos en los controles y jugando con un videojuego? Fijándote más en su cara te dieras cuenta de que está sin rasurar y bostezando… y luego voltearas a ver el copiloto y estuviera peor; el cabello por todos lados, en posición recostada, etc. Al irte a tu lugar después de verlos, ¿qué pensarías? Algo así como «bueno, pues espero que sean más listos de lo que parecen, pero si no, pues ni modo… debo entender que tal vez han estado trabajando horas extras y están cansados…». ¡NO! No pensarías así; querrías ver a un piloto bien presentado, agudo y atento. Cuando viajas y te asomas a la cabina quieres ver a alguien tan preparado como el mejor, listo; alguien que esté revisando que todo esté en orden. Así puedes irte a tu asiento tranquilo pensando: «Él sí sabe lo que hace».

Te quiero dar otro ejemplo. Qué pasaría si otro día fueras a hacerte un estudio y resultara que tienes un tumor en el cerebro y tienen que operarte. ¿Qué médico escogerías? Qué tal si fueras con un doctor, un muy buen tipo, y te dijera: «Oye, pues te vamos a abrir la cabeza y te vamos a quitar esa bola que traes ahí. Últimamente me ha fallado un poco el pulso y pudiera ser que te sacara algo más que la bola. No te preocupes, de cualquier manera mis intenciones siempre son, y serán muy buenas ¡Ah!, y tal vez llegue un poco tarde a la cirugía porque tengo un compromiso en la noche, pero tampoco te preocupes, tarde que temprano, voy a llegar ahí». ¿Qué harías? ¿Dejarías que alguien así te operara? Por supuesto que no. Todos queremos gente aguda cuando nuestra vida depende de sus habilidades. La pregunta aquí es si quieres ser uno de esos sujetos vivos, afilados que reflejan su agudeza. ¿Quieres que cuando te vean los demás piensen de ti «esa persona tiene algo»? Creo que todos lo queremos. También nos gustaría estar bajo el mando de este tipo de individuos.

Para lograr agudeza hay que **decidirlo** porque se requiere **disciplina**. Todos podemos llegar a ser personas agudas en distintas áreas, pero hay que estar dispuestos a desarrollarla. Entonces, la pregunta que sigue es...

¿Dónde comienzo?

Existen dos requisitos para poder ser una persona aguda. El primero es que uno necesita tener un gran deseo de serlo y el segundo es que uno tiene que estar dispuesto a pagar un precio.

Hay un precio que pagar para desarrollar la mente, hay un precio que pagar para desarrollar el temperamento, y también hay un precio que pagar para desarrollar sanamente nuestras emociones, etc. La agudeza no viene gratis, requiere de una persona que esté dispuesta a estar creciendo diariamente.

En los siguientes capítulos veremos algunos factores que considero esenciales para desarrollar agudeza en nuestras vidas.

Capítulo 2

PRIORIZANDO LO MÁS IMPORTANTE...

Lo más importante

El frío acero del nerviosismo cayó de golpe en el estómago del señor Rodríguez. Las manos le sudaban un poco y el temor de que se le fuera la voz o tropezara frente a todos jugueteaban sin parar en su mente.

—*Encamíname en tu verdad, y enséñame, porque tú eres el Dios de mi salvación; en ti he esperado todo el día* —recitó el señor Rodríguez y comenzó a dominar sus nervios.

Siempre pensaba que los nervios no se podían ni debían eliminar porque lo mantenían en guardia, alerta y sin confiarse; eliminar no, pero domar los nervios sí era posible... y además necesario.

Respiró profundo y recitó la misma cita bíblica una vez más. Ahora se sentía mejor.

Eran las ocho de la noche en punto. Ya era tiempo. Caminó por el oscuro pasillo y poco a poco el susurro de la multitud fue llegando hasta él. Tan pronto vio al señor Rodríguez llegar, una persona con semblante duro le habló a un compañero desconocido a través de un radio que tenía en su mano. El mismo hombre le hizo señas al señor Rodríguez para que se acercara más de prisa y luego lo tomó del brazo para guiarlo. El sonido de la gente murmurando fue creciendo más y más conforme cada paso que daba.

—¿Está listo? —preguntó una voz metálica a través del radio.

—*Confirmado* —contestó por radio el hombre que sostenía el brazo del señor Rodríguez.

Esperaron en silencio. *Bendeciré* al Señor *en todo tiempo; su alabanza estará de continuo en mi boca* —dijo el señor Rodríguez en su mente. Pero no lo dijo como para convencerse porque en realidad lo creía. Si estaba en ese lugar, si algo iba a decir, si algo podía dejar a la audiencia antes de irse, sería para honra y alabanza a Dios. Esperaron unos segundos más que parecieron eternos. Por el murmullo que oía, el señor Rodríguez podía calcular que el lugar estaba lleno. Que había cientos de personas que habían llegado ahí para escucharle…

—¿Cómo es que llegué aquí? —se preguntó a sí mismo. Luego miró hacia el techo, pero al hacerlo, estaba mirando más allá de él.
—¿Cómo es que llegué aquí? —se volvió a preguntar.

El señor Rodríguez comenzó a recordar cuando era aún joven, mucho antes de convertirse en el «señor Rodríguez» y simplemente se llamaba Hugo Rodríguez. Todos sus amigos y familia le decían Hugo, y lejos estaban los días en los que se ganaría el respetuoso mote de señor.

Mirando hacia atrás, sabía que su vida no había sido nada especial. No había nacido en una adinerada familia de abolengo, pero tampoco provenía de una familia disfuncional y problemática. Era simplemente Hugo, un muchacho que vivía su vida.

No recordaba exactamente cuándo ni cómo sus padres comenzaron a ir a una iglesia, y lo llevaban a él y a sus dos hermanos menores. Tenía alrededor de ocho años cuando esto sucedió y no tuvo ni voz ni voto en el asunto, simplemente iba a donde le decían. Desde ese momento aprendió a llamarse a sí mismo «cristiano» y aprendió de Dios, Jesucristo y la Biblia. La Biblia; por alguna razón ese libro siempre le intrigó y hasta cierto punto hasta lo intimidaba.

Veía cómo todos la cargaban bajo su brazo y cómo había un aire de respeto y admiración por las personas que sabían «manejar» con pericia sus páginas. Tanto en los pasillos de su iglesia como en el lobby, podía escuchar a los mayores citando frases de ella como si fueran mensajes codificados que sólo una elite podía entender. Siempre que el pastor daba su mensaje, tenía que hacerlo con el libro en la mano, como si fuera la fuente de toda su energía. Algunas veces Hugo se preguntaba qué pasaría si al pastor se le cayera de las manos. ¿Se quedaría congelado como un robot al que se le había terminado la batería?

Después, siendo un poco mayor, se le explicó que la Biblia era un libro escrito por Dios. Eso contribuyó para que ante sus ojos quedara cubierta con un manto de misterio. Varias veces intentó leerla, pero sus intentos fueron fallidos al no saber por dónde empezar; tampoco ayudó que brincaba de libro en libro y se dejaba llevar por la inconstancia. Fue en la secundaria después de un retiro de jóvenes organizado por su iglesia, cuando finalmente hizo de su lectura una disciplina. Al leer página por página fue descubriendo un mundo, que aunque conocido por él, ahora era visto como nunca antes. Todas las historias que le habían contado, todos los personajes de los que había escuchado, todos los pasajes que nombraba su pastor, estaban ahí, los estaba conociendo de primera mano. Ahora él mismo leía lo que había sucedido y eso le daba nueva vida a todo lo antes aprendido.

Hugo realmente disfrutaba leer su Biblia, y pasaba mucho tiempo haciéndolo; la leía antes de orar y poco a poco fue aprendiendo versículos de memoria, y sin proponérselo, entró al círculo elite de la iglesia del que imaginaba formar parte cuando era niño. Se volvió su compañera e inexplicablemente, el leerla, lo hacía sentir bien.

Hugo creía conocerla, pero eso cambió rotundamente cuando un orador invitado llegó a su iglesia. Era en apariencia un domingo cualquiera. Estaba en su primer semestre de preparatoria y todo iba bien para él. Entró al auditorio principal, saludó a algunas personas, el servicio inició con algunas canciones y luego su pastor salió para presentar al invitado especial que tenían esa mañana. Hugo pensaba que tener invitados en la iglesia era como lanzar una moneda al aire: O podían ser muy buenos, o podían ser muy malos. Se acomodó en su asiento y comenzó a escuchar.

Tal vez nadie recuerda exactamente las palabras que flotaron ese día, pero el mensaje llegó claro y directo, al menos para él. El invitado habló sobre la Biblia, pero de una forma en la que Hugo no había pensado antes. La vio como un libro de instrucción aplicable a su vida diaria. Muchas personas salieron ese domingo de la iglesia pensando a dónde ir a comer o sintiendo que escucharon algo que ya sabían, pero para Hugo, esta nueva visión cambió su vida para siempre, y en su propia opinión, fue la clave de su desarrollo y éxito en todo lo que emprendió.

Esa misma noche, al llegar a su casa, sacó su Biblia, la abrió y comenzó a leerla con nuevos ojos. ¿Qué me está diciendo aquí? ¿Qué tiene que ver esto con mi vida? ¿Cómo puedo aplicar esto hoy? Se preguntaba cada vez que llevaba a cabo su lectura diaria. Con esos simples cuestionamientos todo cobró un nuevo sentido. Cuando no podía contestar alguna de esas preguntas entonces se quedaba todo el día pensando en ello, buscaba información en algunos otros libros de estudiosos del tema, o les preguntaba a otras personas su opinión. Después, fue guiando sus decisiones conforme a lo que iba aprendiendo.

Cuando tuvo que escoger su carrera y decidir a qué se dedicaría el resto de su vida, consultó la Biblia; cuando tuvo tres diferentes ofertas de trabajo, decidió según lo que ella decía. Cuando llegó el momento de dar el paso y comprometerse con la que sería la mujer ideal para él, lo hizo después de asesorarse con la Biblia; para educar a sus hijos, fue su mejor consejera; en cada negocio que emprendió para hacer crecer su compañía, estableció los lineamientos basándose en su Biblia... La Biblia no sólo alimentó su alma, sino también fue su guía práctica en la vida.

No siempre fue fácil seguirla. Muchas veces los conceptos que encontraba iban en contra de lo que la sociedad o el común dictaban. Aun para él mismo, muchas veces no era del todo lógico o entendible lo que la Biblia le indicaba, pero Hugo recordaba que tiempo atrás había decidido seguirla sin importar nada más, y al final, siempre se daba cuenta de que salía ganando con resultados y crecimiento personal.

—Ahora, señor Rodríguez, pase al frente —le dijo el hombre de semblante duro sacándolo de sus recuerdos y trayéndolo de golpe al presente.

El señor Rodríguez asintió con la cabeza y comenzó a caminar. En ese momento el hombre le sonrió y le dio una amable palmada en la espalda.

—Gracias por estar aquí —le dijo sinceramente.

El señor Rodríguez agradeció el gesto y caminó con seguridad hasta el centro del escenario del auditorio de la universidad más grande y prestigiosa de su ciudad. Su percepción había sido correcta, el lugar estaba lleno. No había ni un lugar vacío. El público al verlo entrar comenzó a aplaudir con gran ánimo. Ese gesto siempre hacía sentir al señor Rodríguez más humilde. Llegó hasta el pódium, acomodó sus notas y se acercó al micrófono.

—Gracias, gracias, son ustedes muy amables —dijo con tono tranquilo, pero su voz se escuchó grandemente amplificada por las bocinas del auditorio.

El saludo fue la señal para que el público dejara de aplaudir y poco a poco se fueron quedando en silencio. El señor Rodríguez guardó silencio también. Comenzó a mirar los rostros de las personas que estaban ahí para escucharlo dar su conferencia «El secreto de mi éxito».

Tiempo atrás, como resultado de haber creado la compañía más creciente del mercado, la que ofrecía las mejores prestaciones para sus empleados, y por haber llevado una vida ejemplar de integridad y mucho más, las personas comenzaron a fijar sus ojos en Hugo, y de una forma casi casual, las invitaciones a dar conferencias empezaron a llegar y bueno, pues ahora ahí estaba...

Al principio no había aceptado dar ninguna plática porque sabía que no era bueno en eso y se ponía muy nervioso al hablar frente a mucha gente. Dar conferencias nunca había estado dentro de su plan, pero, una vez más, leyendo su Biblia y viendo la vida de los discípulos de Jesús, vio que podría ser una buena oportunidad de dar a los demás y compartir de una forma diferente *El Mensaje*. Después de todo, en resumen, «el secreto de su éxito» había sido invertir tiempo en la Palabra de Dios y haber aplicado a su vida lo que leía en la Biblia.

Cerca de mil personas esperaban las palabras del señor Rodríguez. Esperaban con ansiedad conocer cómo había llegado hasta donde estaba, pero lo más importante, cómo ellos mismos podían lograrlo también. Cada uno de los asistentes tenía sus propios problemas, sus historias, sus razones personales para haber asistido a esa conferencia, aunque el común denominador era el querer cambiar y mejorar. Al final de la noche ni uno quedaría decepcionado.

Tal vez nadie recuerda exactamente las palabras que flotaron ese día, pero el mensaje llegó claro y directo, al menos para unos cuantos...

PRIORIZANDO LO MÁS IMPORTANTE

Contrario a lo que muchos piensan, la Biblia NO es un libro religioso. Nunca lo he visto de esa manera porque sencillamente no es así. En ella yo encuentro la instrucción más importante. Estoy seguro de que la manera primordial como podemos empezar a desarrollar agudeza es invirtiendo tiempo leyendo el libro de más sabiduría que jamás se ha escrito, inspirado por el más sabio del universo: Dios.

Tenemos que acogerla como el libro de texto para liderarnos a nosotros mismos y para ello tenemos que cambiar nuestra perspectiva de un libro religioso a uno que nos ayudará en nuestro desarrollo.

A medida que yo leo la Biblia, recibo los pensamientos de Dios. Hay que invertir tiempo para hacerlo.

Quiero que juntos veamos lo que dice el rey Salomón, quien es considerado como una de las personas más sabias de todos los tiempos:

«Adquiere sabiduría, adquiere inteligencia; no olvides mis palabras ni te apartes de ellas. No abandones nunca a la sabiduría, y ella te protegerá; ámala, y ella te cuidará. La sabiduría es lo primero. ¡Adquiere sabiduría! Por sobre todas las cosas, adquiere discernimiento. Estima a la sabiduría, y ella te exaltará; abrázala, y ella te honrará; te pondrá en la cabeza una hermosa diadema; te obsequiará una bella corona. Escucha, hijo mío; acoge mis palabras, y los años de tu vida aumentarán. Yo te guío por el camino de la sabiduría,

te dirijo por sendas de rectitud. Cuando camines, no encontrarás obstáculos; cuando corras, no tropezarás. Aférrate a la instrucción, no la dejes escapar; cuídala bien, que ella es tu vida».

Está hablando de desarrollar nuestra mente para alcanzar nuestro máximo potencial. Nos dice que adoptando los pensamientos de Dios y aplicándolos, nos convertimos en las personas que Dios quiere que seamos. Agrega que su sabiduría puede hacer esto en nuestra vida, que nosotros debemos **aferrarnos** a su instrucción.

Salomón también escribe esto respecto de la Biblia:

«Opten por mi instrucción, no por la plata; por el conocimiento, no por el oro refinado. Vale más la sabiduría que las piedras preciosas, y ni lo más deseable se le compara. Yo, la sabiduría, convivo con la prudencia y poseo conocimiento y discreción. Quien teme al SEÑOR aborrece lo malo; yo aborrezco el orgullo y la arrogancia, la mala conducta y el lenguaje perverso. Míos son el consejo y el buen juicio; míos son el entendimiento y el poder. Por mí reinan los reyes y promulgan leyes justas los gobernantes. Por mí gobiernan los príncipes y todos los nobles que rigen la tierra».

La sabiduría y la instrucción aplicadas a nuestras vidas nos hacen capaces de liderarnos, o sea, de gobernarnos a nosotros mismos. Como resultado ganamos credibilidad con otras personas y eso nos permite influenciar sus vidas. A mí me suena mucho más saludable e inteligente influenciar a otros a través de mi vida que caer en la trampa de los trucos psicológicos como el control y la manipulación que muchos utilizan hoy en día para avanzar.

Si tú lees la Biblia pero no la entiendes, pídele a Dios que te ayude a comprenderla. Consíguete una versión con un lenguaje moderno y sencillo, actualmente hay muchas opciones. Ponte a leerla enfocado y pensando en lo que está diciendo. A lo mejor al leerla te llama la atención alguna frase o párrafo, detente ahí y medítalo. ¡Recibirás instrucción acerca de tantas cosas!

La Biblia está repleta de enseñanza, nos da instrucciones acerca de cómo conducirnos en diferentes situaciones y nos habla de temas como el trato a otras personas, el matrimonio, los negocios, cómo manejar el dinero, los hijos, las etapas de la vida, la eternidad, el uso del tiempo y muchísimos más. La Palabra de Dios produce agudeza en nuestras vidas; es hora de dedicarle tiempo.

Te dejo un desafío y una tarea: cada día, dedica 10 minutos a leer la Biblia, comienza con el libro de Proverbios (es un recurso muy práctico para nuestra vida diaria). Después de un mes, amplía el tiempo de lectura. Te aseguro que en menos de treinta días estarás pensando de una manera completamente diferente. Tu mente será... ¡MÁS AGUDA!

Capítulo 3

IDENTIFICANDO LAS BUENAS INFLUENCIAS...

El segundo libro

Llegué al café a las 10 a.m. en punto. Era sábado en la mañana y había muy pocas personas en el normalmente concurrido lugar. Pedí mi café capuchino caliente, grande y sin azúcar. Luego me senté en un sillón de la esquina del local. Saqué mi computadora, la encendí, abrí el archivo insípidamente nombrado «Libro». Miré las letras de la pantalla releyéndolas para agarrar el hilo y continuar con mi historia. No hay nada mejor para sentirte escritor que una taza de café, un cómodo sillón y una computadora portátil (laptop) frente a ti.

Recuerdo que desde niño tenía esta idea loca de ser escritor. No sé de dónde la saqué, pero casi desde que aprendí a escribir me ponía a imaginar historias, y en lugar de salir a darles vida con mis juguetes, las escribía en un cuaderno con un crayón azul. Al pasar los años, ese sueño quedó sepultado entre las rocas de la realidad y todas esas historias se hicieron tan etéreas como los recuerdos de mi niñez. Se dice que no puedes matar lo que no está vivo, así que esa misma particularidad de estado etéreo fue lo que las hizo sobrevivir y regresar años después. Así que hace dos años, estando ya casado, siendo padre de un niño de un año y medio y teniendo un trabajo estable, me pareció que era el mejor momento para retomar la loca idea de ser escritor. Me dediqué por meses a escribir la historia que había rondado en mi cabeza por mucho tiempo. Hasta cierto punto fue fácil porque llevaba mucho gestándola, y sólo fue cuestión de sacarla de mi mente y codificarla en esos signos gráficos que llamamos letras. Publicar el libro fue la parte difícil. Finalmente, a través de unos amigos, pude conseguir que una casa editorial se interesara, la imprimiera y se encargara de la distribución. ¿Sabes lo que se siente entrar a una librería y ver que exhiben un libro con tu nombre en la portada? Yo sí. Mi libro llegó al octavo puesto de ventas del año pasado y no podía estar más feliz. Sin embargo, después de un primer libro debería llegar el segundo, y ahí es donde estaba atorado. Sentía que iba bien, pero no lo suficiente como para superar el primero, por eso creé esa rutina de ir al café cada sábado; ya saben: 10% de inspiración y 90% de dedicación. No obstante, lo que me ayudó al fin a terminar mi segundo libro no fueron ni el café, ni el sillón, ni mi costosa computadora, sino el hombre que se sentó a un lado mío esa mañana.

Estaba viendo hacia la nada tratando de poner en orden las ideas antes de escribirlas, así que, aunque vi que el hombre se sentó en el sillón a un lado mío no le puse atención. Luego de un rato sacó una laptop, la puso en la mesita que estaba frente a él e inmediatamente se puso a escribir sin parar por quince minutos. Volteé lo más discretamente que pude y me pareció conocido… ¿Sería Oscar Taibo, el escritor de novelas policiacas? Su tupido bigote, su arcaico saco y su rostro enjuto me indicaban que sí era él. Hasta ese día sólo lo había visto en algunas fotos en el periódico y revistas. Era el escritor más leído del país y había escrito ya más de diez libros en su carrera, de los cuales ocho habían llegado al primer lugar de ventas y se habían mantenido ahí por semanas. A pesar de todo, a mí no me gustaba. Había intentado leer uno de sus libros simplemente para ver por qué tanto ruido a su alrededor, pero no me gustó ni la historia ni su estilo como escritor. Estaba convencido de que él era un claro ejemplo de que la gente leía cualquier basura sólo si se la envolvían con una buena publicidad. No obstante todas mis críticas había una verdad que no cambiaba: Era el escritor más leído del país.

Después de mi sorpresa inicial de que tan importante escritor estuviera sentado a mi lado, pasé a un sentimiento que ahora puedo aceptar: envidia. Lo miré con desdén e intenté ponerme a escribir para que viera que yo también escribía y no estaba simplemente sentado perdiendo mi tiempo frente a una pantalla iluminada.

Nada se me ocurría, sólo podía pensar en este hombre sentado a mi lado. Me da pena decir que pasé así casi dos horas. Finalmente cuando terminó su café, comenzó a guardar sus cosas y se levantó para irse. Sin pensarlo más me di la vuelta y dije:

—Disculpe ¿es usted Oscar Taibo? —pregunté sabiendo la respuesta.

—Sí, soy yo —contestó como a quien le han hecho mil veces la misma pregunta.

—¡Qué sorpresa encontrarlo aquí! Yo también soy escritor... colega —dije sonriendo.

—¿Ah sí?

—Sí, publiqué un libro y estoy escribiendo el segundo en este momento.

—Mirar la pantalla no significa escribir. Escribir es escribir, no hay más —sentenció.

Eso fue todo. Mi desprecio por él quedó justificado.

—Bueno... ya sabes...

Me la pasé hablando sin parar por unos veinte minutos de lo grande que fue mi primer libro, de cómo es que tuve la idea, de las críticas positivas que tuve y de lo grandioso que sería este segundo.

—Estoy justo en ese interesante proceso, que tal vez conozcas, de pensar e idear la historia...

—Ah, entonces está ideando un libro, no escribiéndolo.

Me quedé mudo.

—Mucho gusto en conocerlo —me dijo y se fue del lugar.

Llegué a mi casa furioso. Le platiqué a mi esposa lo que me había sucedido y lo pedante y maleducado que había sido el supuesto escritor ese, del mal habido subgénero. Para aumentar mi enojo, mi esposa, durante todo el día, no dejó de estar emocionada porque había conocido a Oscar Taibo en persona.

—Seguro él podría ayudarte a escribir tu libro. Ha de tener miles de consejos que darte...

Fue lo último que la escuché decir antes de gruñir e irme a dormir. No le conté a nadie más a quién había conocido ese día, aunque sí pensé mucho en lo que había dicho mi esposa.

Cuando llegó el sábado me sorprendí nervioso por no saber si volvería a ver a Oscar Taibo. Llegué al café, pedí lo de siempre y me senté donde mismo. Saqué mi computadora, mas no pude escribir nada por estar al pendiente de la puerta para ver si lo veía entrar. A los veinte minutos llegó. Pidió su café, sacó su laptop y se sentó en el mismo sillón a un lado mío.

—Buenos días —me saludó, antes de ponerse a escribir.

Le contesté tartamudeando un poco, sorprendido de que me hubiera recordado. Tardé treinta minutos en animarme, agarrar valor y tragarme mi orgullo para voltear y hablarle.

—Disculpe… sé que lo estoy interrumpiendo, pero me gustaría hablar con usted.

—¿Ahora?

—Pues… sí.

—¿En medio de mi trabajo…?

—Bueno, este… ¿le gustaría mejor ir a comer cuando termine y ahí platicamos?

—Esa, mi amigo, me parece una idea mucho mejor —dijo sonriendo. Luego regresó a teclear.

Así lo hicimos. En determinado momento Oscar cerró su computadora enfatizando que había terminado con su trabajo de ese día y nos fuimos a un restaurante. Y sí, en ese momento, en un ambiente relajado, platicando sin pretensiones, debo admitir que me agradó el escritor. Ya cuando terminamos de comer, en nuestra segunda taza de café, le hice la pregunta, motivo real de esa plática.

—No sé si pueda, o esté interesado, pero me preguntaba si podría ayudarme con mi libro. Que fuera para mí una especie de mentor... por decirlo de alguna forma.

—¿Sabes lo que me estás pidiendo? —me preguntó muy serio.

Llevaba toda la semana pensado al respecto, en los pros y los contras, en lo que tendría que ceder y en lo que podría obtener, en el compromiso que eso significaría...

—Sí —le contesté.

—Bien. Como podrás haber notado, me tomo muy en serio esto de escribir, así que espero lo mismo de ti y...

—Claro, yo siempre lo tomo en serio también. Es así como lo hago. Pienso que...

—Amigo, parece que tienes todas las respuestas. No me necesitas.

Me mordí la lengua para no contestarle. Me enfurecía, pero tenía razón. Si quería que él fuera mi mentor, era mejor que hablara menos y escuchara más.

—Perdón —dije entre dientes.

En ese mismo momento Oscar asentó las «reglas» de nuestro acuerdo y acepté sus condiciones. Por más que mi ego rechazara la idea, una semana antes de nuestra cita, había pensado en las palabras de mi esposa y poco a poco me di cuenta de que en realidad tenía razón. Oscar Taibo era el escritor más leído y vendido del país, y eso no era una casualidad. Era imposible no notar su talento. Si yo quería llegar a ese nivel, lo mejor que podía hacer era aprender de él. Lo había conocido por casualidad, y ahora dependía de mí si aprovechaba o no esa oportunidad. Agradezco hasta el día de hoy que me dijera que sí.

Nos reuníamos cada sábado. Yo escribía entre semana y él revisaba el avance los sábados. Me corregía los textos, me daba consejos y a veces hasta regaños. Muchas veces tuve que rehacer todo lo que había escrito en esos días, pero después de hacer lo que me recomendaba, el texto quedaba mucho mejor.

Por dos meses estuvimos haciendo esta rutina, y he de decir que mi libro avanzó más en ese tiempo que en todo el que tenía antes intentando hacerlo a mi manera. Estaba feliz con lo que estaba logrando y me emocionaba pensar en mi libro terminado. Si seguía con la ayuda de Oscar Taibo terminaría el libro mucho antes de lo que había planeado. Pero un día, así como mi mentor llegó… se fue.

Llegué un sábado temprano al café y me senté a esperar a mi amigo. Siempre había sido puntual, así que cuando ya habían pasado quince minutos me preocupé. Mi preocupación se volvió desesperación cuando pasaron horas y no llegó. Hasta ese día me di cuenta de que no tenía ni un dato suyo, ni un teléfono, correo electrónico o dirección. Por semanas no escribí nada esperando que el siguiente sábado llegara a verlo. Después de seis semanas me resigné. Oscar Taibo había desaparecido y me había dejado solo. Oré que estuviera bien dondequiera que fuera, que su razón de desaparecer no hubiera sido por algo negativo, y decidí continuar con mi trabajo.

Terminé mi libro pensando en todo momento en los consejos de Taibo. Recordaba cada indicación que me había dado y procuraba llevarla a cabo. Después de un tiempo, mi libro fue publicado. Las librerías lo exhiben en sus anaqueles y desde su salida ha estado subiendo en la lista de los libros más vendidos. Hoy está en segundo lugar, por debajo del más reciente libro de Oscar Taibo. Cuando mi editor me dio la noticia no pude más que sonreír.

El día de hoy salí de mi casa con la única intención de ir a la librería a comprar el libro de Taibo. Lo tomé del anaquel de exhibición, pagué en la caja, llegué a mi casa y lo abrí en la primera hoja. Ahí encontré la dedicatoria. Le dedicaba el libro a su esposa, como siempre lo hacía, y a su primer nieto, con quien al parecer llevaba una relación cercana. Pasé de hoja y me encontré con *Agradecimientos*. El agradecimiento era…, era para… mí.

Estimado e inoportuno compañero de café. Lamento haberme ausentado de esa manera, pero situaciones familiares me obligaron. Aun así, creo que fue la mejor forma de darte la última lección: Puedes hacerlo por ti mismo. En este momento, soy yo quien quiere agradecerte. Te agradezco por haberme recordado lo que es la pasión de escribir; por representar lo que yo, sin darme cuenta, había dejado atrás. Gracias, porque al haberte enseñado, volví a aprender. Algún día regresaré a ese café. Nuevamente, gracias.

IDENTIFICANDO LAS BUENAS
INFLUENCIAS

Para poder convertirnos en personas agudas es primordial entender la importancia de pasar tiempo con personas mejores que uno. Quiero aclarar que al referirme a personas mejores, no estoy hablando de que tengan más valor, sino de que hayan invertido más tiempo que yo desarrollándose, que estén a otro nivel, que hayan tenido experiencias que yo no he tenido, que hayan recorrido caminos desconocidos para mí. En pocas palabras, personas con una trayectoria mejor que la mía.

Si realmente tienes el anhelo de crecer, te recomiendo que tragues saliva (si necesitas hacerlo) y reconozcas que tienes que pasar tiempo con los que son mejores que tú para aprender de ellos. Quien tiene la disposición de aprender va a llegar a ser alguien agudo. Muchos evitan estar con gente que sabe más para no sentirse mal, porque comúnmente eso va directo contra nuestra seguridad personal. Algunos dicen: «Uf, a mí no me gusta estar con… (pon el nombre que quieras) porque sabe mucho y me siento mal de no saber tanto…». Pues es mejor que hagas eso a un lado porque si nuestra inseguridad no nos permite estar con gente mejor, ya hemos puesto un tope a nuestro crecimiento y no habrá quienes estén cerca de nosotros que nos estimulen y desafíen a pasar a otro nivel.

Tú y yo necesitamos reconocer que es importante estar con los que sepan más que nos superen. En vez de rechazar la idea, nuestro pensar debe ser: «A lo mejor me siento como que no sé nada, pero voy a aprender». Aprovecha su buena influencia.

No esquives a los «afiladores»

El rey Salomón también nos dice: «Para afilar el hierro, la lima; para ser mejor persona, el amigo». Un sinónimo de aguzar es *estimular, avivar.* Nosotros podemos estar con personas que nos estimulen, que nos saquen filo, que nos hagan pensar y entender otras cosas simplemente porque tienen una perspectiva muy diferente a la nuestra. ¿Cuándo fue la última vez que intencionalmente buscaste estar con gente así?

Todos necesitamos mentores, colegas y aprendices. Es decir, todos debemos estar aprendiendo de otros (mentores), también debemos estar afilándonos y motivándonos unos a otros (colegas) y además debemos estar enseñando a otras personas (aprendices).

Muchos tienen colegas y encuentran sus aprendices, pero la mayoría batalla mucho para encontrar mentores, y no es que no los haya. Lo que sucede es que no han aprendido lo necesario para poder estar con un mentor sin echar a perder su oportunidad.

Tengo el privilegio de trabajar en algunas cosas con el Dr. John Maxwell, reconocido mundialmente como un experto en liderazgo. Él es mentor de diez personas y yo soy una de ellas. Paso un tiempo con él de vez en cuando, algunas veces en persona y otras a través de una llamada que dura aproximadamente una hora. Invierto horas preparándome para ese momento. Pienso mucho en cómo le voy a preguntar varias cosas, y cómo voy a responderle respecto a lo que he hecho en cuanto a lo que me enseñó anteriormente. Él lleva más de cuarenta años liderando y enseñando a otros a desarrollar su liderazgo, así que aprovecho al máximo mi oportunidad con él... ¡No quiero desperdiciarla! Júntate con gente mejor que tú, que esté en niveles más altos en diferentes áreas. Su perspectiva te va a estirar.

Veo dos maneras de ser influenciado por un mentor. La primera es cuando alguien con un don muy especial en algún área marca
mi vida, a pesar de que esté con él en muy pocas ocasiones. La segunda y más común es cuando un mentor, alguien más cercano, me
inspira y ayuda a caminar y crecer como persona. Ningún mentor
verdadero, es decir, alguien que realmente sepa y con quien valga la
pena pasar tiempo, va a querer invertir en alguien que no aprenda
rápido. Cuando tengo la oportunidad de estar con aquellos de los
que realmente aprendo sólo por el hecho de pasar tiempo con ellos,
más me vale grabar sus palabras y aprender lo más que pueda de
su conocimiento y experiencia; si no, voy a perder la oportunidad
de estar allí. Los verdaderos mentores no son individuos que están
buscando a quién darle «toda su sabiduría». Están muy ocupados
porque llevan un rumbo y sobre la marcha están más que dispuestos a pasar tiempo con gente que quiere aprender, pero nunca lo
malgastan. **Invierten** su tiempo, no lo desperdician. Cuando estamos con una persona así y se da cuenta de que no estamos aprendiendo, créeme que en una forma muy educada y elegante hará los
arreglos que tenga que hacer para que nunca más estemos con ella.

Errores comunes

Quiero hablar de los errores más comunes que he visto que se
cometen al estar con mentores.

a. **Hablar demasiado y no escuchar**
   ¿Te ha pasado alguna vez que alguien te pregunta algo, pero no
   te deja contestar? Apenas vas a empezar a hablar y te arrebata
   la palabra y sigue hablando solo… Cuando me pasa eso yo me
   pregunto por qué me pregunta a mí. ¡Ni siquiera quiere saber lo
   que le iba a decir! trato de escapar de esa persona lo más pronto
   posible porque sólo me está haciendo perder el tiempo. Cuando
   tenemos la oportunidad de estar con alguien que sabe mucho
   acerca de un tema importante para nosotros, es el momento de

cerrar la boca y escuchar, no es el momento de hablar de nosotros mismos. Muchas veces sucede que por inseguridad, la persona se quiere ver bien ante el mentor y habla de su propia vida. Al hacer esto, no estamos aprovechando la oportunidad. No tenemos que enseñarles nada... Son ellos los que nos enseñan, si es que tenemos la sabiduría de callarnos y escuchar.

b. Falta de respeto

Otro error común que he visto es la falta de respeto a un mentor. Es una equivocación no entender nuestro lugar cuando estamos frente a uno y tratarlo como colega en lugar de tenerle un respeto que debiera ser obvio. Hay muchos que a este respecto piensan: «Es que todos somos iguales, somos amigos, no debemos tratarlo como alguien especial, es malo hacer distinción entre las personas», etc. Ese es un grave error y más adelante me extenderé en cuanto a este punto.

c. No atender indicaciones

Cuando paso tiempo con Maxwell, le hago las preguntas, él las contesta, yo grabo la conversación, paso sus respuestas a mi computadora, escribo palabra por palabra y después pongo en práctica lo que me dijo. La siguiente vez que le llamo le doy cuenta de lo que hice respecto a sus indicaciones. Ningún mentor quiere perder su tiempo con alguien que no atiende sus recomendaciones. Lo que quiere es ver que su tiempo esté bien invertido.

Oportunidades únicas

Cuando vayas a estar con alguien que tenga características de mentor, es muy probable que nadie te dé instrucciones previas. La mayoría de las veces no te dicen en qué te vas a meter, así que tú tienes que preguntar. He pasado tiempo con ciertas personas, y antes de estar con algunas de ellas he pensado: «No puedo darme el lujo

de cometer errores graves porque esta es mi única oportunidad».
Siempre pregunto qué tipo de ropa hay que usar para la ocasión y
según lo que me digan, doy un paso más; por ejemplo, si me dicen
que use chaqueta sin corbata, uso corbata. Si es camisa y pantalón
de vestir, llevo también una chaqueta. Siempre doy un paso adelante. ¿Por qué?, porque entiendo que todavía no he sido aceptado en
ese grupo, no soy colega de esa gente. He sido invitado por alguien
y entiendo mi lugar. Mi papel es representar bien a quien me invitó,
y si lo hago correctamente, me va a dar otra oportunidad; de esa
manera voy a ir aprendiendo más y creciendo.

En algunas situaciones me ha tocado presenciar cuando alguien dice: «Esa persona no entra a esta reunión» y todo por su
mala apariencia. Si tú eres de los que piensan: «No, pero eso no
debe ser, ¿cómo es posible que no dejen entrar a alguien por el tipo
de ropa que trae puesta?», déjame decirte, ¡así es! La pregunta es si
queremos ser gente aguda o no. Si la respuesta es sí, tenemos que
entender esto y esforzarnos por cambiar nuestra manera de pensar
para poder pasar tiempo con gente mejor que nosotros.

Capítulo 4

INCOMODIDAD
QUE ESTIRA...

La bazuca

—Muy buenas noches fanáticos del box. Les saludo esta noche espectacular desde el gran domo de la cuidad más bella del mundo. Muchas gracias por sintonizarnos y seguir la transmisión en vivo de esta esperadísima pelea de campeonato. Mi nombre es Mike Mora y a mi lado está mi gran amigo y compañero Luis Castilla. Luis, emocionante noche, ¿no lo crees?

—Definitivamente, Mike. Creo que las miles de personas que se dieron cita en el domo y las miles más que sintonizan esta transmisión tienen expectativas muy altas de lo que puede suceder aquí esta noche.

—Es que todos estamos aquí por una, y sólo una única razón: la gran pelea del milenio, la esperada y anticipadísima lucha de Carlos «la Bazuca» Guzmán contra Mitch Schneirhenkeng. No sé si pronuncié bien el apellido, Luis.

—Es difícil, Mike. Con ese apellido quién quiere apodo.

—Ja ja ja. Es verdad, Luis, es verdad. Lo que realmente ha resultado difícil es pronosticar al ganador de este encuentro. Hasta este momento, a minutos de que inicie, me informaban que aún no se definía la balanza en las apuestas. Si ves la ficha técnica de los dos gladiadores puedes notar que son muy parecidos. No hay una ventaja considerable de ninguna de las partes.

—Así es, Mike. No hay secreto alguno en quién es realmente el favorito de la gente…

—Tienes toda la razón, Luis. Tal vez en las apuestas estén iguales, pero en los corazones de las personas, «la Bazuca» Guzmán se ha convertido en todo un ícono aún antes del día de hoy, y estoy seguro de que más de la mitad de la gente que ha venido, ha sido para apoyarlo a él.

—Y es que su historia es increíble…

—Sí, señor. Carlos Guzmán se ha ganado el título de peleador, no sólo sobre el ring, sino también en la arena de la vida. ¡Nunca se ha rendido!, y mira que le han pasado cosas que ya le hubieran hecho tirar la toalla a cualquiera.

—Pero definitivamente no a «la Bazuca» Guzmán.

—No, señor, claro que no. Su persistencia y valentía de meterse en situaciones que lo hacen crecer es lo que lo ha traído hasta esta pelea estelar que en todo el país, y en muchos lugares del extranjero, siguen gracias a nuestra señal. Simplemente recordemos el inicio de este gran boxeador. Él nos contaba en la entrevista previa que le hicimos que ninguna escuela de box lo quería, ¡que ningún entrenador lo tomaba en serio!

—Es que recuerda, Mike, que era muy lento con los pies. A pesar de ser tan ligero, en ese tiempo se movía como elefante con cólicos.

—Ja, ja, ja. No sé de dónde sacas esas comparaciones, Luis, aunque creo que es una buena forma de ilustrarlo, ja ja ja. Lo importante es que no se dejó abatir y continuó con su idea de ser boxeador a pesar de los malos pronósticos. «La Bazuca» siguió practicando y practicando por su propia cuenta; algo, la verdad, muy admirable porque sabía lo que quería lograr y no le importó que nadie lo apoyara.

—Pero eso cambió muy pronto, Mike. Tarde o temprano su talento tenía que ser descubierto por alguien.

—Claro que sí, Luis, y ese alguien fue su entrenador, Pedro Mancilla. Esto no sé si es verdad, pero dicen que un día Pedro caminaba por la calle y desde ahí vio a Carlos Guzmán entrenando con un costal mal colgado en la cochera de su casa. Dicen que Pedro Mancilla vio los enérgicos golpes que el chico le daba al costal. Desde ese momento Pedro Mancilla supo que Carlos tendría futuro en el mundo del box.

—De hecho fue su entrenador quien lo bautizó con el apodo de «la Bazuca», por sus poderosos golpes, ¿no es así?

—Precisamente. ¿Te imaginas Luis? Si Carlos no hubiera seguido practicando, el entrenador Mancilla jamás lo hubiera encontrado.

—Eso es suerte, Mike.

—No estoy tan seguro de eso, Luis. La suerte no tuvo nada que ver con que Carlos no se rindiera y siguiera adelante con su sueño. No, señor. Después de que el entrenador Pedro Mancilla lo tomó bajo su cuidado, y ya iniciado y agarrando auge en su carrera profesional, llegó el accidente…

—Sí, el accidente…

—Terrible. Recuerdo cuando estuvo en las noticias.

—Sí, en ese entonces, «la Bazuca» ya tenía su audiencia. Por eso le dieron seguimiento los noticieros.

—Un fatal accidente de auto causado por un conductor ebrio.

—Definitivamente una pena.

—Así es. En el auto sólo iban «la Bazuca» y el entrenador Mancilla. Desgraciadamente el entrenador falleció instantáneamente y el boxeador terminó muy maltratado. Semanas en el hospital y meses para recuperarse.

—De hecho creo que hubo otro auto implicado, uno que manejaba una mujer. Ella quedó paralítica, si mal no recuerdo.

—Nadie creyó que «la Bazuca» Guzmán se recuperaría física o emocionalmente de ese incidente. Pero una vez más, su espíritu de lucha no lo dejó quedarse en cama y rendirse. Poco a poco y pacientemente se fue recuperando y su sueño de llegar a ser campeón del boxeo persistió.

—Sí, y si mal no recuerdo en la entrevista que le hiciste comentó de lo dolorosas que eran las terapias de rehabilitación. ¿No es así, Mike?

—Así es, Luis. Sin que nadie lo creyera, un año después del accidente ya comenzaba a entrenar para una nueva pelea, en la cual, por cierto, no le fue muy bien.

—Un golpe bajo para «la Bazuca», definitivamente.

—No vi la pelea en vivo, pero en la grabación que pude conseguir se le veía aún fuera de forma. No era su mejor momento, y que perdiera por nocaut después de todo lo que le había pasado no fue muy alentador que digamos. No, señor.

—Parece que la lona es muy incómoda para el boxeador, porque nunca se queda mucho tiempo en ella.

—Ja, ja, ja. Así es. Carlos Guzmán siguió entrenando y preparándose para una siguiente lucha, la cual sí ganó y fue el reinicio de su ascendente carrera; además, para desconcierto de todos, al mismo tiempo, a pesar de su edad, «la Bazuca» entró a la universidad.

—Leyes. «La Bazuca» es un abogado con el que definitivamente no quieres «pelear». ¿No se graduó hace apenas unos tres meses?

—Sí, señor. Oficialmente este es su primer enfrentamiento en el cuadrilátero con título de abogado. En la entrevista me comentó que le ponía muy nervioso eso de estudiar una carrera universitaria y que casi se paralizaba al entrar a un salón de clases. ¿Puedes creerlo? Por eso mismo decidió estudiar, para enfrentar su miedo… y mira que lo venció. De hecho, me dicen que invitó a toda su generación y maestros a esta pelea; seguro andan por aquí entre el público.

—Todo un grupo de abogados recién graduados en una lucha de box. Eso definitivamente sí que da miedo, Mike.

—Ja, ja, ja. Yo que tú no hacía ni un comentario más al respecto, Luis. No, señor.

—Ja, ja, ja, ja, ja.

—El punto es que por todo esto Carlos «la Bazuca» Guzmán ha sido un ejemplo para muchos en el país y es muy querido por la gente.

—Mike, definitivamente podemos decir que sin importar lo que suceda esta noche, Carlos «la Bazuca» Guzmán ya es un campeón.

—¿Sabes qué, Luis? Creo que tienes toda la razón. Sí, señor, «la Bazuca» ya es un campeón, y como siempre dice él: «Si nunca lo intentas, nunca sabrás si puedes».

—Ja, ja, ja, definitivamente, Mike. ¡Mira, ya están por salir los boxeadores!

—Señores y señoras, la pelea del milenio por el campeonato está por comenzar...

INCOMODIDAD QUE ESTIRA

Estar en situaciones que estiran, incomodan y demandan es salir de nuestra zona de confort; es incómodo y un desafío. Meterte en una situación que te va a hacer crecer puede significar que a lo mejor no vas a dormir unas tres o cuatro noches, o que vas a estar nervioso por un mes porque aceptaste hacer algo que va a demandar de ti. Tal vez implique que tu vida se va a voltear de cabeza por un tiempo y un solo pensamiento te va a consumir.

Déjame decirte que eso es bueno. ¡Ese tipo de circunstancias son las que hacen a una persona aguda! Eso es lo que estira, lo que la lleva a que su mente esté pensando qué debe hacer paso por paso… «Qué hago», «cómo lo hago». Por ejemplo, una presentación en tu trabajo, o alguien que vaya a inspeccionar lo que haces; eso te obliga a estar ahí… pensando y meditando cómo puedes hacer las cosas de la mejor manera.

El crecimiento natural del cuerpo humano es de dos maneras: una es por el desarrollo constante y lento y la otra por tiempos de estirones. ¿Lo has notado? Los que tenemos hijos entendemos bien esto. Un buen día tu hijo se acuesta y al levantarse a la mañana siguiente vemos que en tan solo ocho horas aumentó su estatura, y sorprendidos preguntamos: «¿Qué hiciste anoche, chico?». Siempre hay crecimiento a paso lento y natural, pero ese no se ve. Sin embargo, también es muy común que estando en las condiciones correctas, el cuerpo tenga momentos de crecimiento acelerado.

Eso me pasó con todos mis hijos. Un día se acostaron y al día siguiente como que crecieron tres centímetros… y seis meses después, pasaba otra vez lo mismo y crecían otro tanto. Así es como funciona el cuerpo: hay tiempos de estirones.

La agudeza mental muchas veces es el resultado de momentos cuando uno es impulsado por ciertas condiciones o por las expectativas de otros. Así como el cuerpo natural tiene momentos de crecimiento acelerado porque está en las condiciones correctas, la agudeza mental crece y se desarrolla por situaciones específicas que son necesarias para nosotros. Normalmente esas circunstancias son de estrés, nos incomodan y demandan que nos esforcemos, que crezcamos.

Resístete a decir «no»

Muchos tratan de esquivar esos momentos, pensando «no, yo no quiero estar en eso, me pongo muy nervioso... me enfermo del estómago y bajo como cinco kilos...», etc. Por lo tanto, la mayoría busca cómo no hacerlo. Me temo que muchas de esas veces pierdan oportunidades de crecer y ser gente aguda. Un ejemplo de eso son las presentaciones en el trabajo. Hay personas a las que puedes decirles: «Mañana tú vas a dirigir la junta» y al oírlo se desmayan... y luego las levantas y te dicen: «Mira es que... mejor yo no. No soy bueno para eso». Otro ejemplo de ello son las auditorías. ¿Qué tan aguda se pone la gente cuando sabe que el Ministerio o la Secretaría de Hacienda va a llegar? Hacienda llama a una empresa y la recepcionista pasa la llamada al departamento administrativo. La persona que contesta en el departamento administrativo le pasa la llamada al director. Todos responden con rapidez... Ahora sí, la gente empieza a prestar atención y a ordenar todo... ¿Por qué? Porque ahora sí habrá una consecuencia si hay falta de agudeza en ese departamento.

Esas son situaciones que demandan de nosotros, que son incómodas; entregas de trabajo, una nueva inversión, etc. Hay momentos específicos que vienen a nuestras vidas. Yo quiero animarte a que voluntariamente te metas en circunstancias que te obliguen a crecer. No procures esquivarlas. Los momentos de dificultad son oportunidades de rápida superación.

El desarrollo del liderazgo muchas veces es el resultado de momentos de crecimiento en tiempos difíciles. Hoy en día la tecnología nos ha llevado a vivir con mucha comodidad y no nos gusta esforzarnos ¡Atrévete a no dar pasos atrás! No digas: «No, yo no». Atrévete a decir **sí** aunque pases el siguiente mes lamentando haber aceptado. Eso traerá algo bueno a tu vida. Debemos ser gente aguda, que se arriesgue, gente que se atreva a dar pasos sólo hacia adelante sin volverse atrás.

Cuando nos volvemos cobardes frente a una situación, lo que sucede muchas veces es que estamos perdiendo una oportunidad de esforzarnos y desarrollar nuestra habilidad. Métete voluntariamente en circunstancias que te lleven a decir: «Va a ser sumamente difícil, esto me va a poner nervioso, voy a tener que estudiar y prepararme, pero me hará crecer». Esas son las ocasiones que producen agudeza en nuestras vidas.

He tenido el privilegio de viajar por muchas partes de América Latina, y algunas veces con personas muy conocidas que me dieron plataforma, que me abrieron una pequeña posibilidad y la aproveché. Debido a eso, ahora tengo la oportunidad de representarlas e incluso de estar a su lado en ocasiones. Me acuerdo la primera vez que me propuse a mí mismo estirarme y aceptar una invitación que me hicieron para enseñar acerca de liderazgo. Sabía que iban a estar delante de mí dos de los hombres más reconocidos en ese tema. Uno de ellos conocido en todo el mundo y el otro en América Latina. Me propuse aceptar ese desafío y al hacerlo pensé «¡Sí, lo haré!».

Acepté, no porque creyera que podía, sino porque sabía que eso iba a demandar algo de mí, algo que nunca me habían demandado. Iba a tener que hacer lo que nunca antes había hecho, enseñar frente a quienes sabían mucho más que yo... personas con mucha más autoridad en ese tema. ¿Fue difícil? ¡SÍ! A lo mejor a veces no aparentamos lo nerviosos que realmente estamos o simplemente fingimos, pero a todos nos cuesta, todos somos seres humanos. Sin embargo, acepté. ¿Por qué? Porque sabía que esa era mi oportunidad de llegar a ser mejor persona. Eso significaba que tendría que estudiar mucho para estar listo al momento de pararme a enseñar frente a todos.

Recuerdo otra ocasión, durante un viaje, cuando yo mismo me puse como traductor del Dr. John Maxwell habiendo podido pedírselo a Marcos Witt. Marcos se crió en México, habla español perfectamente bien y tiene un vocabulario muy amplio. Yo tuve que aprender el español y a veces, sobre todo cuando estoy cansado, no lo pronuncio bien. Quiero aprender a hablar español mejor que cualquier latino y me esfuerzo para lograrlo, así que me metí en esa situación para obligar a mi mente a dar más de sí. Sabía que iba a estar hablando por el Dr. John Maxwell ante auditorios con miles de personas, ante los medios, e incluso frente a algunos presidentes... ¡con todo el mundo escuchándome! Me daba cuenta de que al tomar esa responsabilidad no podía decir una sola palabra, ni fuera de contexto, ni en la forma incorrecta, pero de todas formas fui su traductor. ¿Por qué? Porque es la única manera como logramos crecer. Recuerdo cuando estábamos frente al presidente de un país de América Latina, el Dr. John Maxwell, Marcos y yo. El presidente hablándole al Dr. Maxwell y yo traduciéndole al inglés lo que el presidente le decía. El Dr. Maxwell le contestaba y yo le traducía al Presidente su respuesta... Estaba muy nervioso, había orado e incluso ayunado porque sabía que era algo que tenía que hacer muy bien, y salió todo increíble. Creo que eso fue algo sobrenatural.

Esa experiencia me hizo crecer y me llevó a otro nivel. Muchos piensan: «Algunos tienen tanta suerte...». ¡NO! La persona que desarrolla agudeza lo hace porque dedica tiempo a la Biblia, se relaciona con las personas indicadas y se mete en situaciones que la obligan a superarse.

La necesidad de ser rescatado

Hay una frase que usamos mucho en México para excusarnos por nuestra falta de excelencia en nuestro trabajo: «Se me fue la onda». Nos preguntan: «Oye ¿qué te pasó?», y contestamos: «Es que... "se me fue la onda"». ¿Sabes qué significa eso? Es como decir: «Es que no estaba poniendo atención», o «¡Es que no vi lo que estaba haciendo con suficiente agudeza!».

Creo que debemos cuidar mucho que no nos suceda esto en nuestro trabajo y en nuestro trato con los demás. Está bien que se «nos vaya la onda» a todos de vez en cuando, somos seres humanos y cometemos muchos errores, pero hay personas que no es que «se les vaya la onda»... es que... ¡no tienen «onda»! Están en otra frecuencia, no están en este mundo, no están atentos y cuando uno les pregunta: «¿Te das cuenta de lo que acabas de decir?», toman uno o dos segundos y se quedan pensando... Y si llevas a esas personas a través de sus pensamientos y les vuelves a preguntar lo mismo, entonces sí te contestan bien y muy fácilmente. ¿Por qué? ¿Qué es lo que sucede? Que se apoyan mucho en otros y suponen: «Si necesito saber algo de esto, fulano me dirá». ¡Se fugan mentalmente en vez de investigar, cuestionar, estar atentos y deducir ciertas cosas para llegar ellos mismos a una conclusión! ¡Saben que alguien los rescatará en caso de emergencia! Cuando nosotros mismos nos hacemos responsables y nos enfocamos, afilamos nuestra agilidad mental.

Capítulo 5

EL VALOR DE LA EXIGENCIA...

Bolígrafos rojos

—Vuélvalo a hacer —dijo con indiferencia y dejó caer el ensayo sobre su escritorio. El sonido de las veinte hojas pulcramente encuadernadas golpearon contra el escritorio de madera y retumbaron en el vacío salón de clases.

Cristina se quedó sin palabras. Estaba completamente sorprendida, pero no dijo nada porque estaba furiosa. Sabía que si hubiera abierto la boca hubieran salido sólo insultos, amenazas y ofensas personales contra su profesor de redacción. Quería tomar su ensayo de veinte hojas y usarlo para abofetearle la cara. Estaba realmente enojada. El profesor Perales agarró su portafolio y salió del salón. Ella tomó su trabajo del escritorio y lo hojeó. Saltaron a la vista círculos y anotaciones en rojo que el profesor Perales había hecho para hacerle notar sus errores. Cristina odiaba ese bolígrafo rojo; a decir verdad, odiaba todos los bolígrafos rojos del mundo. Si por ella fuera, los agarraría todos y haría una gran fogata. Sería muy interesante ver qué haría entonces su profesor para pintarrajear sus trabajos…

Cristina suspiró. Tragó saliva y se tranquilizó. Seguía molesta, aunque en vano; sabía que de todas formas tendría que hacer su ensayo por tercera vez, así que era mejor ponerse a trabajar. Salió del salón con la cabeza y los hombres caídos.

—¡Cristina! ¿Cómo te fue? ¿Ahora sí te lo aceptó?
Cristina volteó y por el pasillo de la universidad venía Rocío, su amiga desde el primer semestre.

—No. Me dijo que volviera a hacerlo…

—¡Qué necio! Yo misma leí tu ensayo, era fabuloso. ¿Qué tiene ese hombre? Creo que tiene algo contra ti. Tal vez piensa que eres demasiado buena y te tiene envidia ¿Qué le cuesta aprobarte y ya?

—¿Me tiene envidia? Rocío, no inventes. Tengo que hacerlo mejor y ya. No es gran cosa.

—¿No es gran cosa? No has salido a ningún lado por semanas por estar haciendo ese trabajo. Perdón, Cristina, pero te lo dijimos…

—¿Qué fue lo que le dijimos? —Se escuchó otra voz a sus espaldas.

Ambas voltearon y ahí estaba Gustavo, el novio de Rocío.

—¡Amor!, ¡qué bueno que ya saliste de tus clases! —Rocío lo abrazó. —¿Qué crees? El profesor Perales le rechazó el trabajo a Cristina otra vez.

—Te lo dije…

—Eso fue lo que le dije, que se lo dijimos.

Cristina y Rocío estudiaban la carrera de Mercadotecnia desde hacía dos años. Gustavo estudiaba lo mismo también, pero estaba un año más avanzado que ellas. Desde el primer día que Cristina y Rocío se conocieron, se hicieron buenas amigas y procuraron tomar las mismas clases para andar juntas. Gustavo y Rocío también se conocieron en el campus y se hicieron novios desde el primer semestre.

Los dos años que llevaba Cristina en su carrera habían sido fabulosos. Si bien había que estudiar y trabajar duro, no se le hacía difícil ya que le encantaba todo lo que estaba aprendiendo. Además, Gustavo las ayudaba mucho a ella y a Rocío teniendo la ventaja de haber pasado ya por los temas que ellas apenas estaban viendo. Cuando fue el tiempo de iniciar su tercer semestre y llegó el momento de escoger sus materias y maestros, Gustavo les llegó con una advertencia, la más importante de todas si es que querían graduarse.

—No escojan al profesor Perales —les dijo con cara seria que denotaba que no estaba jugando—. Él es el profesor más exigente, demandante y perfeccionista que pueda existir. No hay trabajo que le satisfaga. Ha habido clases enteras que reprueban su materia. Nadie está con él por voluntad propia. A su clase llegan sólo los que no se apuraron a escoger a la profesora Jiménez, que sí es muy buena. Te da varias oportunidades, no importa si no entregas a tiempo tus trabajos. Para ella, lo más importante es que se los presentes todos al final del semestre; no le interesa tanto cómo los hagas, con tal de que los hayas hecho. Yo hice mi materia de redacción con ella y fue de lo más fácil, pero mi amigo Orlando, ¿se acuerdan de él? No pudo entrar con la profesora Jiménez y tuvo que irse con Perales... le hizo la vida imposible. De hecho reprobó la materia y tuvo que volverla a cursar el semestre pasado. Lo bueno fue que entonces sí entró con la profesora Jiménez, si no, no sé qué hubiera hecho el pobre.

Las palabras de Gustavo se quedaron en la mente de Cristina. Redacción era una de sus pasiones, y de todas las materias que llevaría era la que más le llamaba la atención. Pensaba que la redacción dentro de la mercadotecnia era como la llave de oro. Por otra parte, tampoco quería que su carrera se truncara por un profesor amargado al que no le gustaba nada. Cristina decidió hacerle caso al novio de su amiga y pensó que cuando llegara el tiempo de escoger sus materias y profesores, sería la primera en la fila para anotarse con la profesora Jiménez. Sin embargo, bastaron un par de días para que cambiara de opinión.

Su perspectiva cambió cuando por casualidad leyó uno de los trabajos de Gustavo. Estaban en la cafetería de la universidad con varios amigos conversando cuando él llegó y dejó sus cosas en la mesa. Cristina vio uno de los trabajos que Gustavo estaba haciendo para una de sus materias.

—¿Puedo leerlo? —preguntó Cristina.

—Sí, claro, aún no está terminado, pero básicamente ya está —dijo Gustavo y se puso a platicar con sus amigos.

Cristina hojeó el trabajo y luego comenzó a leerlo detenidamente. ¡La redacción era terrible! Hasta ella misma, que no era una experta, podía notarlo. Las ideas, el contenido y el punto central estaban ahí, diluidos entre una maraña de enunciados sin sentido y faltas de ortografía. Cristina se quedó sin aliento. ¿Ese era el resultado de la bondad de la profesora Jiménez? Definitivamente no quería estar con un maestro que fuera un tormento, pero tampoco quería desperdiciar su tiempo con alguien que no le enseñaría nada. ¿Qué iba a hacer?

—¿Ya te anotaste en todas tus clases? —preguntó Rocío.

—Sí, ya… sólo me falta Redacción.

—¡¿Qué?! ¿Por qué no has ido? ¿No recuerdas lo que nos dijo Gustavo? Ven, tenemos que ir ahora mismo, antes de que se llene la clase.

Llegaron hasta el salón de registro y Cristina tomó su hoja. Aún estando allí, con el bolígrafo en la mano no sabía lo que iba a hacer. Se quedó viendo la hoja con las opciones.

—Tienes que apurarte, hay gente esperando —le dijo la secretaria de la escuela, quien dirigía el registro ese día.

—Perdón, es que aún no me decido.

La secretaria miró la hoja para ver qué materia era la que la hacía dudar. Al leer «Redacción» lo entendió todo. La fama de ambos profesores era conocida en toda la escuela, aun entre los docentes, y sabían todo lo que los alumnos decían de ellos en los pasillos. La secretaria le sonrió a Cristina.

—Ah... esa es una decisión fácil. Simplemente pregúntate: ¿Tu objetivo es pasar la materia o aprender?

Cristina lo pensó unos segundos. Luego le sonrió, escribió en la hoja y salió de ahí. Había escogido al profesor Perales.

Cristina llegó el primer día de clases dispuesta a dar lo mejor de sí. Pensaba que no sería tan terrible si se esforzaba, pero al pasar los días, se dio cuenta de que independientemente de que no hubiera seguido el consejo de Gustavo, él no había mentido. Todo lo que había dicho sobre el profesor Perales no había sido exageración.

Desde el primer día dejó en claro que las cosas no serían un juego con él. A los alumnos que llegaron un minuto tarde a su clase no los dejó entrar; bastó una semana de esto para que todos estuvieran puntualmente en sus asientos cinco minutos antes esperando a que llegara. Impresionantemente, revisaba todos los trabajos con sumo detalle y no dejaba pasar ni un error sin marcarlo en rojo para que fuera corregido. Pedía ejercicios y lectura de libros en cada clase, y sin importar lo que alguien pudiera hacer para tratar de engañarlo, bastaba que le hiciera sólo una pregunta para darse cuenta de que no había leído el libro. Sí, era la clase más exigente de todas, pero cuando el profesor se paraba enfrente de todos sus alumnos a explicar su materia y a hablar de lo que más le apasionaba y sabía, todo se transformaba. En cada palabra se podía notar su emoción por las letras. Al escucharlo era imposible no sentirse contagiado por su amor al arte escrito, y todo lo explicaba de una forma tan entendible y clara que no había duda de que no sólo sabía de redacción, sino que también sabía enseñar. Cristina sentía un gran respeto por él, aunque a veces lo detestara y sufriera por su culpa.

—Sí, cómo sea, me lo advirtieron, ¿pero saben una cosa?, al menos no voy a terminar el semestre escribiendo como un niño de ocho años como cierto amigo que tengo… —dijo Cristina haciendo burla de Gustavo.

Rocío no pudo contener la risa tampoco.

—¡Oye! —se quejó Gustavo con Rocío—. Tú eres mi novia, y debes apoyarme.

—Sí, pero de verdad que escribes pésimo, mi amor.

—Pues recuerda que la misma profesora que me enseñó a mí te está enseñando a ti ahora.

Rocío dejó de reír. El comentario ya no parecía tan gracioso.

—Bueno, me voy, tengo que empezar a corregir todo esto. Debo entregarlo mañana y es mi última oportunidad. No hay opción. Nos vemos.

Cristina se fue a su casa, comió algo y se encerró en su recámara con la intención de no descansar hasta terminar su ensayo. Comenzó por revisar las anotaciones que le hizo su profesor. Por más que le doliera tenía que aceptar que todas las faltas que le marcó y los comentarios que anotó eran acertados. Se vería mucho mejor su trabajo si seguía lo que le indicaba. Después comenzó a rehacerlo. No sólo hizo los cambios que el profesor le indicó, sino que también buscó formas de mejorarlo aún más. No salió de su recámara ni para cenar. Estuvo hasta la madrugada revisando cada palabra, cada enunciado y cada párrafo para asegurarse de que no hubiera ninguna falta. Leyó unas cien veces su ensayo y siempre que lo hacía le corregía un detalle más. Cuando estaba agotada, cuando estaba a punto de dejarlo y sus sentimientos comenzaban a maquilar rencor contra el profesor Perales, se repetía que ella misma se había metido en esa situación y que no había a quién culpar. Había sido su decisión y no se arrepentiría.

Se quedó dormida por dos horas y su despertador sonó. Era hora de regresar a la escuela. Cristina buscó al profesor Perales en su oficina y le entregó su trabajo.

—Déjelo ahí en mi escritorio —le dijo sin siquiera voltear a verla por estar revisando otros trabajos con su fatal bolígrafo rojo. Ella obedeció—. Venga a la una a recogerlo y también su calificación.

Una vez entregado, ya no había nada que pudiera hacer; aprobaba o reprobaba, sólo había esas dos opciones. Cristina ya no pensó en su ensayo y continuó con el resto de sus materias, pero cuando dieron las 12:00 p.m. se sintió mal. Ahora sí estaba nerviosa y pasó la hora más larga de su vida esperando ir a recogerlos.

A la una en punto Cristina entró a la oficina del Profesor Perales. Él tomó su trabajo y se lo dio.

—Está reprobada. Tendrá que volver a cursar la materia el semestre que viene —sentenció.

Los acontecimientos siguientes fueron una consecuencia de ese momento clave en la vida de Cristina. Nunca había reprobado una materia en su vida, ni lo volvería a hacer, pero una vez más, al mirar las correcciones que le hizo a su ensayo, se dio cuenta de que tenía razón. Así que en ese mismo momento decidió volverse a inscribir con el profesor Perales para el próximo semestre.

Así lo hizo y en esa segunda ocasión logró aprobar. No sólo eso, también aprendió cómo redactar con excelencia lo que la convirtió en la persona más buscada por las agencias, y con el paso del tiempo, consiguió el empleo de sus sueños. Cada vez que alguien la felicitaba por un buen trabajo, cada vez que se sentía satisfecha con su redacción, cada vez que veía un bolígrafo rojo, recordaba al profesor Perales y agradecía el haber tomado su clase... por segunda vez.

EL VALOR DE LA EXIGENCIA

Hoy en día podemos platicar con muchos jóvenes y preguntarles si están trabajando y nos responden que no, que dejaron su trabajo porque su jefe era muy exigente con ellos. Me doy cuenta de que las personas muchas veces evitan estar con gente así.

Lejos de tratar de evitarlo, nosotros tenemos que ponernos en ambientes de excelencia que nos obliguen a tener agudeza, ambientes que nos requieran afilar nuestro potencial. Quienes eligen estar alrededor de otros que son exigentes o excelentes seguramente van a aprender. Van a ser impactados por cualquiera de ellos. Hoy en día la tendencia es huir de la exigencia. A todos nos gusta estar alrededor de aquellos que sepan menos que nosotros, nos gusta estar en la cima y sentirnos seguros. Desafortunadamente a lo único que eso nos lleva es a satisfacer nuestro ego, y fuera de eso, no nos lleva a nada más. Lo que realmente nos desafía es estar en ambientes en los que haya una gran exigencia.

La medida en que aceptamos la responsabilidad que tenemos de crecer es la medida en que maduramos.

Tolerancia sin límites, resultado inesperado

Tiempo atrás se infiltró en las escuelas y llegó hasta nuestras casas, la creencia de que exigir a nuestros hijos los iba a echar a perder; que exigirles algo, era imponernos y eso atropellaría y dañaría su personalidad. Esto se extendió tanto que pocos se atrevían a establecer límites claros a los niños porque corrían el peligro de ser acusados de abuso de autoridad.

Como resultado de esta creencia hemos tenido generaciones que han vivido sin aceptar autoridades que les exijan, generaciones de individuos que piensan que ellos mismos son la medida de todas las cosas. Al ver el caos que esto ha creado en la sociedad, nos preguntamos: ¿cómo vamos a corregir este asunto?, ¿cómo podremos cambiar nuestra generación? Hay que regresar y ver en dónde nos desviamos de los buenos principios para volver al camino. De una cosa estoy seguro: ¡este mundo no lo va a hacer! Nosotros debemos aprender de eso.

Reconoce a tus aliados

La excelencia y la exigencia son nuestros mejores amigos. Hay que apreciar a las personas que demandan cosas grandes de nosotros, porque si no fueran demandantes con nosotros querría decir que no nos tienen confianza, que no creen que podemos.

A muchos de mi generación nos tocaron padres que vivieron algo muy diferente a lo que vemos hoy en día. Algunos de ellos fueron muy exigentes con nosotros. Muchos de nuestros papás vivieron tiempos muy difíciles después de la segunda guerra mundial y otras crisis económicas que le siguieron, y debido a ello, tuvieron un cierto estilo de vida. Todo eso los llevó a demandar con mucha exigencia ciertas cosas de nosotros, sus hijos. Quiero exhortarte a algo... ve con alguna persona que esté teniendo éxito y pregúntale cómo fueron sus padres. Yo he hecho esto y me atrevo a decir que el 90% contesta que sus padres fueron muy exigentes. Hoy en día nos hemos ido al otro extremo y afirmamos que si exigimos mucho a nuestros hijos, los dañaremos emocionalmente. Claro que los extremos son malos, pero te puedo decir que a la mayoría de nosotros nos hizo mucho bien vivir con padres exigentes.

Cuando yo era niño, papá me daba cierta cantidad de dinero a cambio de que realizara varias tareas. Me exigía que cumpliera bien con mis responsabilidades: darle de comer al perro, quitar la nieve de la entrada de la cochera, etc., etc. Vivíamos al lado del lago de Michigan y en invierno soplaba aire helado sobre el agua templada del lago, que producía un vapor que se hacía nieve. Desde diciembre hasta abril, casi todos los días caía nieve, así que diariamente, al llegar de la escuela, tenía que ir por la pala y limpiar la entrada porque papá llegaba como a las tres y media de la tarde y si había nieve… ¡yo estaba en serios problemas! Mientras limpiaba seguía cayendo más nieve y tenía que palear más rápido para poder quitarla. Como veinte minutos después de que él llegaba, me decía: «Juan, ya hay mucha nieve en la entrada. Sal a quitarla otra vez». Eso sucedía todos los días y era igual de exigente. Ahora le doy gracias a Dios por haber tenido un papá así. Me hizo estar atento y ser responsable.

Tus relaciones definen tu nivel

Quiero hacer una comparación de cómo se relaciona nuestro desarrollo con las personas que nos rodean. Lo ilustro con el principio de los recipientes conectados entre sí. Si reciben agua, el líquido fluye hasta llegar al mismo nivel en todos. Es decir que no hay un vaso con más agua que otro. Algo semejante sucede con las personas: su nivel dependerá mucho del nivel de aquellos con quienes estén relacionadas. Eso es una prueba de que el rey Salomón tenía razón cuando decía: «*El que anda con sabios, sabio será. Mas el que se junta con necios será quebrantado*». Dicho en otras palabras: «*Quien con sabios anda, a pensar aprende; quien con tontos se junta, acaba en la ruina*».

Las personas con las que nos relacionamos pueden hacer una de las siguientes tres cosas: impulsarnos hacia arriba, estancarnos en donde estamos o jalarnos hacia abajo.

¿Quieres subir tu nivel? Busca estar alrededor de gente más exigente y más excelente que tú. Busca estar en otro ambiente. Un ejemplo que nos ilustra eso de manera clara son las distintas comunidades. En cada ciudad vemos diferentes comunidades o barrios. Tú vas a cierto barrio y vas a ver cierto tipo de personas. No estoy hablando de clases sociales, aunque estas se marcan mucho en los barrios. Estoy hablando de que todos nos sentimos cómodos con gente similar a nosotros, que tienen una educación y un nivel de vida semejantes. No es un asunto de dinero. Nos agrupamos con gente de nuestro nivel porque nos sentimos muy cómodos. ¿Por qué el noventa por ciento de los ladrones salen de los mismos barrios? Porque las personas fluyen al nivel de quienes tienen a su alrededor. Si tú no demandas mucho, va a llegar a ti gente a la que no le gusta que se le demande porque se va a sentir muy cómoda contigo.

Tenemos que ir en contra de nuestra tendencia natural para buscar estar alrededor de personas que tengan un nivel de desempeño superior al nuestro. Sin embargo, puede ser un factor determinante en el desarrollo de nuestra agudeza. Se dice que hace aproximadamente veinticinco años, se cambiaba de trabajo de dos a cinco veces a lo largo de la vida. Aunque la situación fuera adversa, la mayoría decidía perseverar para aprender. Ahora con la nueva moda de «no incomodarnos» vemos a la mayoría de las personas teniendo entre siete y doce trabajos diferentes. ¿Por qué? Porque a la gente no le gusta estar en lugares donde le exijan mucho.

Beneficios de estar con personas exigentes y excelentes

Quiero comentarte algunos beneficios que tenemos al estar alrededor de los exigentes o excelentes. Cuando nos toca crecer o trabajar con individuos así:

- Aprendemos de su disciplina personal.
- Nos esforzamos continuamente para alcanzar un mejor desempeño.

- Nos obliga a estar siempre atentos y preparados porque en cualquier momento nos pueden llamar a rendir cuentas.

Si trabajas con alguien así, tienes que conocer y entender muy bien tu área porque sabes que cuando menos lo esperes, te va a llamar para ver cómo estás llevando a cabo tu responsabilidad. A veces creemos que eso es una desventaja, pero es todo lo contrario: ¡es algo muy bueno! La tendencia de alejarnos de personas así nos ha llevado a no salir del mismo nivel. Se huye de los jefes así… y a veces hasta de los padres. En esto hay un balance; si somos exigentes con nuestros hijos, obviamente debemos tener con ellos una buena relación que lo respalde.

Estar alrededor de gente exigente puede ser la lima que afile nuestro potencial.

Recuerdo hace muchos años, cuando Karla y yo recién llegamos a México, comenzamos con la difícil tarea de aprender el español. Llegamos a Guadalajara y nos inscribimos en la escuela de idiomas para empezar nuestras clases. Mi esposa es muy inteligente y ella había estudiado francés durante seis años, así que entendía muy bien lo de las distintas conjugaciones de los verbos. Yo ni siquiera entendía el concepto y después de tres meses estaba muy frustrado porque no avanzaba nada en mi aprendizaje del español. Creí que Karla tendría que salir a dar las conferencias y yo me quedaría a cuidar a los niños porque no podía hablar el idioma.

En ese tiempo conocimos a varios amigos, entre ellos una pareja, Jorge y Gilda. Tener amistades nos ayudaba también a practicar más el idioma. Durante varios meses continuamos con nuestras clases de español y yo seguía igual… ¡perdidísimo! Pensaba «jamás voy a aprender español, está muy complicado este idioma… las conjugaciones son tantas… etc.». Cada tarde, iba a la casa de Gilda y Jorge y me llevaba un libro en español. Gilda lo abría en cualquier página y me pedía que leyera un pequeño párrafo. Yo lo pronunciaba como podía y no sabía ni qué estaba leyendo. Por supuesto leía con mucha lentitud y cortando las palabras. Cuando terminaba, Gilda me pedía que lo volviera a leer y me decía que lo tenía que pronunciar bien. Lo leía vez, tras vez, tras vez, mejorando lentamente la pronunciación. Una hora para leer un solo párrafo... ¡y ni siquiera lo entendía! Salía frustradísimo pensando. «Esta mujer está mal... No me deja avanzar a leer ni siquiera un capítulo... ¿Cómo es posible que me la pase en un solo párrafo?». Sin embargo, gracias a su exigencia hoy en día tengo la pronunciación que tengo del español. Sé que no lo hago perfectamente bien, pero me ayudó a hablar sin mucho acento porque fue exigente conmigo.

No huyas de las personas exigentes.

Capítulo 6

QUITANDO EL TOPE...

El conejo y el sombrero

Sorpresivamente, con un movimiento rápido, el mago sacó un ramo de flores de papel de su manga. Todos los niños gritaron y aplaudieron divertidos.

Eran las cinco de la tarde y la fiesta del octavo cumpleaños de Anita estaba en su momento más emocionante. El espectáculo del mago que habían contratado sus papás se estaba llevando a cabo y todos los invitados se habían juntado en medio del jardín para ver el show. Los niños rápidamente se habían sentado en el pasto haciendo un semicírculo en lo que el mago *Chazam* y su asistente preparaban todas sus cosas en una mesa cubierta con un mantel negro.

El mago *Chazam* había comenzado explicando a los pequeños que había viajado por todo el mundo a tierras exóticas y lejanas, y había visto cosas maravillosas y espectaculares que sus mentes no podían imaginar. Añadió que en diferentes rincones del planeta había aprendido a hacer cada uno de los actos de magia que estaba a punto de realizar justo frente a sus ojos. En ese momento, la asistente oprimió la tecla de *play* (*Tocar*) de la grabadora que traían y una música con sonido árabe comenzó... Esto terminó de emocionar a los niños que ya estaban más que listos para ver la magia suceder.

La rutina del mago *Chazam* era de lo más clásica. Inició sacando una infinidad de pañuelos de colores de su manga izquierda. Luego, de la boca de su asistente, impresionantemente sacó un listón larguísimo de color morado. Los chicos aplaudían y ovacionaban. Después, ante su mirada incrédula, el mago vació agua de color azul desde una jarra a otra, pero al vaciarse el agua cambiaba a color verde en un instante. Los niños gritaban emocionados. La rutina siguió por algunos minutos, hasta llegar al acto principal, al cierre de oro, lo que todos esperaban: con unas simples palabras el mago *Chazam* haría aparecer un conejo de su sombrero.

Después de mostrarles cada lado del sombrero, lo puso sobre la mesa. Pasó sus manos por encima tres veces. Los pequeños contuvieron la respiración. Luego, lentamente, metió sus manos al sombrero y de repente… ¡un conejo blanco! Todos se pusieron de pie por la emoción de ver al animalito. El mago lo entregó a la festejada y sus invitados la rodearon para tener oportunidad de acariciarlo. Inesperadamente, el conejito brincó de los brazos de Anita y se fue saltando por el jardín. Ellos lo persiguieron gritando y divirtiéndose.

Ese fue el final de la exitosa presentación del mago *Chazam*. Después se fue a tomar, junto con su asistente, un vaso de agua fresca que la anfitriona les había ofrecido. Para todos continuó la fiesta como estaba planeada, menos para Franco.

Franco era un compañero de la escuela de Anita. Ya había cumplido los ocho años, pero no había tenido ningún mago en su fiesta, por lo que quedó muy intrigado después de haber visto al mago *Chazam*. Cuando todos los demás niños se fueron corriendo detrás del conejo, Franco, se quedó sentado en su lugar pensando en el acto de magia. *¿Sería cierto que había viajado por todo el mundo? ¿Cómo había logrado cambiar el color del agua? ¿Era posible que alguien metiera en su boca un listón tan largo? ¿Cómo alguien que tenía el poder de sacar un conejo de un sombrero trabajaba en fiestas para niños? ¿De verdad había sido magia o había otra forma de hacerlo?, y si la había, ¿cómo era?* Todo eso se preguntaba Franco sin cesar.

Cuando vio que el mago y su asistente se alejaron de la mesa aprovechó la oportunidad. Se levantó de su lugar y paso a paso se acercó hasta el sitio donde había quedado el sombrero. Tenía algo de temor por no saber qué esperar. La historia de las tierras lejanas lo había impresionado, pero fue su curiosidad por saber lo que arrastró sus pies hasta el sombrero. Miró para todos lados... nadie lo veía. Alargó su mano y lo tomó con mucho cuidado; tal vez podría salir otro conejo saltando. Lo volteó para revisar por dentro y no vio nada. Parecía todo normal. Luego metió su mano hasta el fondo para palpar las orillas. Todo estaba forrado con tela suave y nada más. Si él mismo no hubiera visto un conejo salir saltando de ahí apenas unos minutos atrás, hubiera pensado que ese era el sombrero más ordinario del mundo. De repente, sintió algo en el fondo, parecía como una pequeña abertura...

—¿Qué haces? —le preguntó el mago *Chazam* al mismo tiempo que se lo quitaba de las manos.

Franco se quedó mudo.

—¿Quieres saber cómo funciona el truco? No te lo voy a decir. ¿No sabes que los magos no revelan sus artimañas? Anda, vete a jugar con los demás.

Franco obedeció y se fue corriendo con los otros niños.

Ese día Franco no supo cómo había salido ese conejo del sombrero, pero el mago le había revelado algo importante: había sido un truco, no magia. Muy bien, ya sabía lo que no sabía. Ahora sólo hacía falta averiguar la clave del ilusionismo. Estaba en la dirección correcta. Bastaron unas cuantas semanas de preguntar y buscar en libros para que finalmente Franco descubriera el secreto del conejo en el sombrero. Después de eso quiso saber cómo funcionaba la tostadora de pan de su casa. La desbarató y vio todas las piezas, y aunque su mamá lo regañó porque no la pudo volver a armar, pudo ver cómo funcionaba. Posteriormente su curiosidad lo llevó a estar horas con su papá arreglando el motor de la camioneta vieja que tenían en la parte de atrás de la casa; miraba cómo lo desarmaba todo y hasta le ayudaba a limpiar algunas piezas. Cuando fue adolescente compró un auto viejo muy barato y pudo arreglarlo él mismo. Conforme fue creciendo investigó cómo funcionaba la fibra óptica, cómo se podía entrar a Internet, quién había descubierto las ruinas de Machu Picchu, bajo qué instinto emigraban las ballenas, qué eran los rayos ultravioletas, cuáles eran los patrones de comportamiento de los jóvenes en sociedad, etc. Su curiosidad lo llevó a aprender más y más de las cosas más diversas por varios años; y de alguna forma, una asociación de ideas que ni él pudo entender, lo llevó a la mejor idea que jamás había tenido: la invención de un sistema que cambiaría nuestra forma de viajar.

Sin embargo, nada de esto hubiera sido posible de no haber iniciado con la curiosidad de saber cómo fue que un conejo pudo salir de un simple sombrero.

QUITANDO EL TOPE

Es muy importante que tú y yo siempre tengamos una actitud de querer seguir aprendiendo. Me gusta hablar de esto usando la palabra «curiosidad». Para desarrollar agudeza en mi vida es muy importante que no esté conforme con las respuestas *no sé* y *no puedo*. ¡Hay que quitar ese tope!

Rompiendo el conformismo

Mucha gente acepta como un hecho que «no sabe» o «no puede» sin hacer siquiera un intento. Esa es una actitud de conformismo. Las personas agudas tienen anhelo de aprender.

¿Sabes que la mayoría de las organizaciones tienen sus más grandes logros cuando sus líderes tienen menos de cuarenta años? Las estadísticas dicen que cada año, después de los cuarenta, por lo general es un año de menos crecimiento y menos éxito. Esto regularmente sucede porque el líder empieza a conformarse y ya no hay curiosidad ni anhelo de aprender cosas nuevas. La clave es no conformarse con lo que ya se sabe.

Si hay algo que me molesta oír es «no se puede» y «no hay». Entras a una tienda con un envase vacío en la mano y te acercas a un empleado para pedir ese producto y ANTES de que le hagas cualquier pregunta te dice: «No hay». Cada vez que me pasa algo así pienso: «¡Déjame siquiera preguntarte, no seas tan negativo! ¡Métete a la bodega y a lo mejor lo encuentras!». O puede ser que llevas a algún taller una pieza que no funciona, la pones sobre el mostrador para que la vea el empleado y ANTES de ni siquiera tocarla te dice: «No, a esta pieza ya se le rompió la rosca, ya no sirve», ¡y ni siquiera se toma la molestia de intentar repararla! Las personas que no quieren crecer y superarse son así. Alguien agudo contestaría: «Déjame ver qué tengo que te pueda servir». Los que no quieren ni intentarlo son conformistas y esa actitud las lleva a no tener filo.

La agudeza puede ser desarrollada sólo cuando uno rompe con esa actitud conformista y se vuelve curioso.

Obedece el impulso de buscar más información

La curiosidad para mí es anhelo de aprender. El diccionario la define como «deseo de conocer lo que no se sabe».

Hay una gran diferencia entre la instrucción académica y el aprendizaje. No tengo nada en contra de la formación académica. Al contrario, creo que debemos recibir toda la instrucción que podamos. Es un hecho que ahora vemos más jóvenes estudiando maestrías y doctorados que en años atrás; hoy en día muchos graduados de licenciaturas deciden seguir adelante con sus estudios, y muchas veces en el extranjero. Antes se decía que los que estudiaban medicina tenían que seguir estudiando para actualizarse y no quedarse atrás, pero ahora eso sucede con todas las demás carreras. Actualmente un graduado que busca trabajo no sólo está compitiendo con los profesionistas de su ciudad, sino con profesionistas de todo el mundo porque hay muchas corporaciones internacionales que contratan a su personal de todos los continentes. Ahora más que nunca, debemos darle importancia a la formación académica porque la competencia está abierta con la globalización. Parte importante de ser una persona aguda es entender los tiempos en los que vivimos y tener como prioridad una buena formación académica.

Sin embargo, es ingenuo esperar que todo lo que necesitamos para desarrollarnos lo recibiremos en las universidades y escuelas;

mucho de lo que nos convierte en quienes somos lo recibimos a través de otro tipo de aprendizaje.

Déjame comentarte una diferencia que veo entre la instrucción académica y el aprendizaje.

No sé lo que no sé

La **instrucción académica** es el conjunto de conocimientos adquiridos por una persona a lo largo de su vida como estudiante. Esta es la frase clave de la instrucción: «No sé lo que no sé, así que otros me dicen lo que debo saber». Los niños van a la escuela y no saben lo que no saben. No saben que no saben la historia de su país. Tampoco saben que no saben la geografía, las matemáticas, etc. Ellos no saben nada y van para ser instruidos, pero son otros los que deciden lo que deben saber y cuándo lo deben aprender. La instrucción académica está basada en los programas que el ministerio o la secretaría correspondiente envía a las distintas entidades educativas. Así es: otro decide lo que tú debes saber y te lo enseña. Lo mismo sucede en cuanto a los planes de estudio de las distintas carreras. Los que ya son profesionistas conforman los programas de acuerdo a lo que creen que ese estudiante va a necesitar para desarrollarse exitosamente en su vida profesional.

Sé lo que no sé

El aprendizaje es diferente. El **aprendizaje** es el proceso a través del cual se adquieren nuevas habilidades, destrezas, conocimientos, conductas o valores como resultado del estudio, la experiencia, la instrucción, el razonamiento y la observación.

El aprendizaje muchas veces viene como resultado de tener la habilidad de descubrir algo escondido. La frase clave es: «Sé lo que no sé, así que escarbo para descubrirlo». Uno ve algo que no entiende y decide investigar para aprenderlo. Puede ser que veamos a alguien hacer algo y nos demos cuenta de que nosotros no sabemos hacerlo y eso nos lleva a tener el deseo de aprenderlo. Por ejemplo, yo soy un comunicador y al estar con otros conferencistas me he dado cuenta de que algunos se expresan mejor que yo. Cuando descubro algo nuevo, escarbo y busco para aprender cómo hacerlo. ¿Cuándo fue la última vez que descubriste que no sabías algo y te tomaste la molestia de aprenderlo?

Después de haber pasado cierto tiempo, estando ya en México, me di cuenta de que no sabía tratar correctamente a las personas. No es que me cayeran mal, sino que nunca había aprendido a relacionarme con ellas porque nunca lo había visto como algo importante, hasta que llegué a la conclusión de que no sabía tratar a la gente. Karla me ayudó a darme cuenta de eso también. Un día estaba recostado en un sofá y pensando en voz alta dije: «¿Por qué será que no tenemos un impacto más fuerte en las personas? Hemos influenciado algo, pero ¿por qué no más?». Karla se volteó y me dijo: «Es muy fácil responderte, es porque no las amas genuinamente». ¡Eso fue como un martillazo! Me sacudió y ayudó a entender que no era sólo un sentir mío eso de que *creía* que no sabía tratar a las personas: ¡era una realidad! Además Karla me dijo que yo no era nada amable, y quiero admitir que esa era la verdad. En ese punto tuve que decir: «Sé lo que no sé. No sé relacionarme bien con la gente». Reconocí que necesitaba ayuda en dos cosas: la primera, para aprender a amarla, y la segunda para aprender a llevarme bien y tener una relación cordial con ella.

Desde entonces comencé un largo proceso en el que sigo aprendiendo, pero he tenido que escarbar. Me reúno con gente que sabe tratar muy bien a otros y expresarles lo importantes que son; gente que sabe establecer relaciones con los demás, y yo observo y sigo aprendiendo.

Karla y yo tenemos un hijo totalmente discapacitado. Timoteo tiene veintidós años ahora. Hace veintiún años y medio, cuando lo sacamos del hospital después de que le diagnosticaron encefalitis, los doctores nos dijeron que el porcentaje de divorcio en una familia con un miembro especial era superior al 95%. «Necesitan poner a ese niño en un hospital especializado o su familia va a ser un desastre», fue lo que nos dijeron. Y así mismo fue. Karla y yo comenzamos a tener muchas fricciones y situaciones que no sabíamos manejar. Teníamos tanto cansancio, tanto agotamiento físico y emocional; y en medio de todo eso pude darme cuenta de que no sabía ser un buen marido.

Estando totalmente en crisis, Karla y yo viajamos dos mil millas para reunirnos con una pareja que estimamos mucho; veíamos buen fruto en su matrimonio así que fuimos a buscar ayuda. Al estar con ellos empezamos a desahogarnos y a contarles nuestra situación. Hablamos de los muchos problemas entre nosotros, y les comenté que no sabía lo que estaba haciendo ni como padre, ni como esposo de Karla. Al terminar de hablar y contarles toda nuestra angustia, él me vio muy tranquilo y dijo: «Juan, eso es muy sencillo, lo que necesitas hacer es comenzar a enseñar sobre el matrimonio». Al oír eso pensé: «¡No me entendió nada!». Traté de explicarle de nuevo, pero me volvió a decir exactamente lo mismo. Pensé «¡Qué tonto! ¡No me entiende NADA!». Karla y yo nos volteamos a ver y con la mirada nos dijimos: «Ahora sí estamos en graves problemas, porque ni ellos nos pueden ayudar». Antes de irnos, me dijo que consiguiera algunos libros que trataran del matrimonio y preparara una clase. Al manejar de regreso después de despedirnos, iba francamente furioso. No podía creer que solo me dijera que enseñara sobre el matrimonio como si yo fuera una autoridad en el tema. Ya de regreso en la casa, días después, estaba reflexionando sobre lo que nuestro amigo nos había dicho y seguía sin entender nada de lo que había sucedido la noche que los vimos. Como lo respeto mucho, comencé a buscar algunos libros acerca del matrimonio y escogí un tema. Al buscar en ellos información, me fui dando cuenta de que no hacía nada de lo que ahí decía. Eso era un problema, porque no me gusta enseñar algo que no hago. Así que me puse a hacer lo que iba aprendiendo y poco a poco, sin darme cuenta, empezó a cambiar mi manera de pensar y mi manera de ser. Dos o tres años después llegué a la conclusión de que ese amigo que nos aconsejó ese día ¡era un genio! ¡Nos sacó de la ruina con un solo consejo!

Hay un precio que pagar

Las personas agudas son curiosas, se interesan en aprender más. La agudeza se desarrolla cuando uno anhela tener respuestas. Casi siempre hay un precio que pagar para lograrlo. Ese precio que pagar pueden ser reparaciones, reposiciones, tomar clases, etc.

Eso me recuerda cuando estaba muy chico y veía a mis amigos siempre paseando en sus motos. Andaban por todos lados casi volando con sus motocicletas, y al verlos pasar pensaba: «No sé hacer eso, no tengo esa agilidad… pero tengo que aprender». Le dije a mi papá que quería una. Él hizo cuentas de cuánto necesitaría darme y cuánto podría aportar yo también para ahorrar juntos. Después de un tiempo, tuve la mía.

Luego fui por primera vez con mis amigos a pasear en mi motocicleta nueva. El papá de uno de ellos me vio en ella y se acercó para enseñarme lo más elemental. Me dijo: «Mira, este es el *clutch*, este es el freno, así arrancas, así frenas, las velocidades están aquí y tienes otro freno acá abajo… listo, ¡dale!». Me dijo que diera una vuelta alrededor de donde estábamos para ir probando la moto. La única instrucción fue: «No vayas lejos». Como no iba a ir lejos y nunca me dijo que tenía que cambiar las velocidades, arranqué en primera y me fui alejando; pero como todos los demás andaban como a mil por hora alrededor de mí, comencé a emocionarme y a acelerar más y más. Después de unos veinte minutos de andar dando vueltas con todos, de repente mi moto se detuvo. Sorprendidos, todos frenaron para ir conmigo a ver qué pasaba y les dije: «No sé qué pasó, sólo se me apagó el motor». Me preguntaban: «¿Qué hiciste?» y yo no había hecho nada. Luego revisaron mi moto y me dijeron: «¡Está calientísima! ¿En qué velocidad ibas?» Les dije: «En primera». Me explicaron que le había echado a perder el motor a la moto nueva por no haber cambiado las velocidades... Puedes imaginarte lo que eso significó para mí, pero créeme, ¡aprendí!

También recuerdo la primera vez que tuve un trabajo más formal. Entré a trabajar con un tío que tenía una compañía que se dedicaba a transportar alfombras; yo estaba en el área encargada de la entrega de los rollos. Tenía catorce años y mi tío me dijo que manejara uno de los montacargas y se lo llevara. Pensé: «No sé manejar esa cosa, pero cómo me gustaría saber». Ese montacargas tenía un brazo mecánico como de diez centímetros de diámetro y medía como tres metros de largo. Era para enganchar rollos de alfombra y moverlos de un lado a otro. Me subí al montacargas estando seguro de que podría manejarlo bien. Al tratar de enganchar el primer rollo, el brazo mecánico se me fue por otro lado y desgarré la alfombra. Mi tío casi me mata: «¡No! ¡Acabas de provocar un daño de mil dólares!». Por más que observaba cómo manejaban el montacargas, no podía entender cómo lo lograban; parecía fácil atinarle al lugar exacto donde lo querían enganchar, pero no lo era. Como todo, eso era algo que sólo aprendería practicando. Mira, fácilmente le costé a la compañía entre diez y veinte mil dólares porque metía ese brazo mecánico por todos los lugares donde te puedas imaginar... ¡Hasta en la oficina de mi tío! Sin embargo, después de un tiempo, llegué a manejar el montacargas como ninguna otra persona en la compañía. Era el más rápido para cargar los camiones con los rollos de alfombra, pero eso costó mucho dinero.

El aprendizaje normalmente cuesta. No saques tu pañuelo blanco la primera vez que eches a perder algo por intentar aprender a usarlo. Aprender siempre nos va a costar.

A veces nos cuesta viajar. ¿Quieres estar con alguien que entiende bien algo que tú no sabes? A lo mejor vas a tener que subirte a un avión. Tal vez lo que quieres aprender requiere que tomes un curso y tengas que gastar dinero e invertir tiempo. Inclusive, pudiera costarte un cambio del lugar de residencia. Por ejemplo, si me dijeras que quieres ser un biólogo marino y vivieras en la ciudad de México, DF, te preguntaría: ¿Qué haces ahí?, ¡Cambiaste a la costa! Si tu respuesta fuera: «No, no me voy de este lugar porque aquí hemos vivido mi familia y yo por generaciones...», eso significaría que realmente no estabas dispuesto a pagar el precio para llegar a ser lo que decías que querías ser. Querría decir que realmente no querías aprender, que solamente tenías «muchas ganas». Muchos tienen muchas ganas de diferentes cosas, pero hay poca gente dispuesta a hacer lo necesario con tal de aprender.

Siempre llega nuestro turno

No quiero pasar a otro punto sin antes comentar que a veces nos toca pagar para que otros aprendan. Cuando vemos a alguien con potencial, no siempre estamos tan dispuestos a abrirle un espacio para que se desarrolle y aprenda; es desafiante y nos implica un riesgo. A veces preferimos rodearnos de personas que ya están en el nivel que queremos porque así no tenemos ni que invertir ni que esperar, pero si todos nos dejáramos llevar por esa manera de pensar ¡cuánta gente no estaría donde está ahora!

Somos el resultado de lo que otros estuvieron dispuestos a pagar y a arriesgar por nosotros... como mi tío y muchos otros que han confiado en mí.

Capítulo 7

EJERCICIO Y MÁS EJERCICIO...

Tarjetas postales

Casi daban las dos de la tarde. Julio, junto con su esposa Eloísa, ya iban manejando rumbo a su cita. Era un pequeño viaje de una hora y media, pero ni uno de los dos podía contener la emoción. Iban a conocer a su columnista favorita.

Julio y Eloísa eran un matrimonio joven, apenas tenían seis meses de casados. Se habían conocido durante la universidad a través de unos amigos que tenían en común. Coincidieron en algunas fiestas, se veían en algunos eventos universitarios, se encontraban casualmente en el cine o en conciertos, pero siempre tenían una conversación casual. Al parecer no había nada en común entre ellos y era incómodo para los dos no tener nada importante de qué platicar. No obstante un día, por pura casualidad salió el nombre de Cristina Sotomayor, y a partir de ese instante los dos quedaron unidos.

Sotomayor era una de las columnistas más prestigiadas del país. Escribía en revistas y periódicos de circulación nacional, y Julio y Eloísa eran grandes seguidores de su columna semanal. Eloísa admiraba a Sotomayor porque escribía de una variedad infinita de temas con un enfoque que le hacía pensar y analizar cosas con una profundidad que nunca antes había tenido. Además, sabía de lugares, países, culturas, filosofías, fechas y personas como nadie más. «Es como si fuera una enciclopedia humana», decía Julio. Esa columnista fue el común denominador que los unió, y a partir de ese pequeño detalle comenzaron a conocerse.

De ahí en adelante, cuando se encontraban por casualidad, sacaban el tema de la columna de esa semana y eso era suficiente para platicar por horas. Después los encuentros fortuitos no bastaron, así que intencionalmente empezaron a encontrarse. Julio le pidió a Eloísa su número telefónico y casi cada semana se juntaban a tomar un café y platicar. Ambos debatían sus puntos de vista, discutían sus desacuerdos y trataban de convencerse uno al otro de quién tenía la razón. Entre debate, plática y columnas se fueron conociendo. Hablando de sus asuntos personales y abriendo sus corazones, irremediablemente, después de un tiempo, se enamoraron.

Poco después de graduarse de sus respectivas carreras se casaron, y ahora cada domingo en la mañana leen juntos la columna.

En una de esas mañanas de domingo a Julio se le ocurrió una idea.

—¿Por qué no vamos a conocer a Cristina Sotomayor? —dijo más para sí que para su esposa.

—¿Cómo? —preguntó Eloísa.

—Sí, creo que deberíamos intentar conocer en persona a Sotomayor. ¿Te imaginas? Sería muy interesante. Llevamos años leyendo su columna y artículos. ¿Por qué no intentarlo?

—¿Estás loco? Seguro que es una mujer muy ocupada. No podemos sólo ir y tocar a la puerta de su casa.

—Ya lo sé. Podemos hablar al periódico y preguntar. No perdemos nada.

Eloísa lo pensó por un momento.

—No voy a negar que sería lo máximo. Además, básicamente fue por ella que tú y yo nos casamos.

—¿En serio? ¡Qué desilusión! Pensé que había sido por mi espectacular atractivo. —dijo Julio en broma.

Los dos rieron, se besaron y siguieron leyendo la columna. Como Julio hablaba en serio, desde el día siguiente comenzó a hacer llamadas para arreglar una cita con ella. Llamó al periódico donde Cristina trabajaba, pero no le quisieron dar ninguna información. Julio no se detuvo y siguió llamando cada día. A veces le contestaban amablemente y le explicaban que Cristina Sotomayor no iba al periódico, sino que mandaba sus columnas por correo electrónico. Otras veces no eran tan amables y le decían que era contra la política del periódico dar información personal de sus columnistas y que si seguía molestando se «metería en problemas». Después de semanas de llamadas diarias al periódico, Julio logró hablar con el jefe editorial y le explicó que eran lectores asiduos de la columna y que sería un honor para él y su esposa conocer a la escritora.

—Veré qué puedo hacer —dijo el jefe editorial tras pensarlo un momento—. No le prometo nada, voy a hablar con ella para ver qué opina. Yo le llamo cuando tenga una respuesta, pero por favor, deje de llamar a nuestras oficinas.

Tuvieron que esperar dos días para recibir la prometida llamada.

—Me da gusto decirles que Cristina Sotomayor ha accedido a verse con ustedes. La única fecha disponible que tiene es dentro de dos semanas, así que espero que puedan estar presentes. Les paso la dirección de su casa...

Después de dos semanas de espera, emoción y divertidos juegos imaginando cómo sería ella y su encuentro, estaban manejando para finalmente conocerla en persona.

Eloísa fantaseaba pensando que la escritora era una mujer muy sofisticada, de esas de las que siempre usan vestido largo y guantes, que hablaría con acento inglés de dos siglos atrás y que seguramente tomaba el té a las doce en punto cada día. Julio, en cambio, la imaginaba como una versión femenina de Indiana Jones. Pensaba que Cristina Sotomayor seguramente estaba viajando siempre en busca de material para sus artículos; que usaba sombrero de cuero y un látigo para... para lo que llegara a necesitar, uno nunca sabe. En lo que los dos coincidían era en que tendría la casa llena de objetos, fotos y postales de todos los lugares que había visitado alrededor del mundo, además de autógrafos enmarcados colgados de la pared de todas las personas famosas que había conocido.

Después de buscar por algunas calles y preguntar a algunas personas por la dirección, finalmente llegaron a su casa. Se estacionaron enfrente de una casa, pequeña pero muy bien cuidada. Caminaron a través de un jardín lleno de flores y tocaron a la puerta. Casi al instante abrió un hombre muy sonriente.

—Buenas tardes. Ustedes deben de ser Julio y Eloísa ¿correcto? —y les extendió su mano.

—Sí, así es —contestó Julio y le dio su mano también.

—Yo soy Abraham, el esposo de Cristina. Pasen, adelante, no se queden en el sol, hace mucho calor.

Los dos entraron y los recibió un clima mucho más agradable. No se habían dado cuenta del calor que hacía afuera hasta que sintieron el fresco del interior de la casa. Julio y Eloísa miraron las paredes en busca de las fotos y los cuadros, pero no había nada. Todo estaba pulcramente pintado y decorado, pero sin trofeos de viajes.

—Me da mucho gusto que estén aquí. Cristina nunca había recibido visitas de sus lectores.

—¿De verdad? —preguntó incrédula Eloísa.

—Así es. Los del periódico dicen que tiene cientos de fieles lectores por todo el país, pero nos gusta tener paz por aquí, así que guardamos bien nuestra privacidad. Sin embargo nos dijeron que ustedes son muy persistentes...

Julio y Eloísa se sintieron un poco avergonzados.

—Bueno, ustedes no vienen a verme a mí, vienen a ver a mi esposa. Así que pasen. Está en su estudio en este momento. Síganme.

«Su estudio», esas ya eran palabras más sofisticadas, tales como las que esperaban oír. Siguieron a Abraham por un pasillo y al fondo de la casa, a la izquierda, entraron a una habitación. Ahí estaba Cristina Sotomayor. La habitación era de mediano tamaño y lo primero que destacaba era la falta de luz. Sólo dos lámparas alumbraban el lugar y no había ni una ventana, y si la había era imposible verla porque todas las paredes estaban llenas de anaqueles y libreros repletos de libros. Al fondo había un escritorio sencillo, pero inmenso, y sobre él había papeles, libros, revistas y periódicos abiertos; además de una computadora portátil encendida. En una esquina del escritorio había un bote lleno de bolígrafos rojos sin usar. Detrás del escritorio, escribiendo en la computadora, estaba la columnista Sotomayor.

—Amor, ya llegaron los jóvenes.

Cristina dejó de escribir y alzó la mirada como si despertara de un sueño.

—Ah, no los escuché llegar. Pasen, pasen. Disculpen el desorden. Estoy a punto de terminar mi columna.

Julio y Eloísa entraron y se sentaron en dos sillas que estaban enfrente del escritorio. Las dos sillas no combinaban, así que de inmediato supieron que las habían puesto ahí para ellos.

—Señora Sotomayor, es un gusto conocerla —dijo Julio y le extendió la mano.

—Hemos leído su columna por años, de verdad que somos unos grandes admiradores de usted —dijo Eloísa y también la saludó.

Cristina los saludó con una gran sonrisa sin levantarse de su silla.

—Gracias, van a hacer que me sonroje…

Así iniciaron su plática. Abraham los dejó solos, y de vez en cuando se asomaba para ver si se les ofrecía algo. La imagen que Julio y Eloísa se habían formado de ella no coincidía con la realidad, pero su plática fue mejor de lo que imaginaron. De verdad era interesante hablar con Cristina. Sabía de muchos lugares y personajes, y platicaba con tanta naturalidad que era muy cómodo escucharla. Además sabía escuchar. Aunque el joven matrimonio sentía que no tenía nada interesante que decir, ella los escuchaba con mucha atención y los hacía sentir como si sus historias fueran lo más increíble del mundo. Estuvieron platicando por dos horas sin parar hasta que llegaron a un tópico en especial.

—Pensamos que tendría su casa llena de recuerdos de todos sus viajes, sin embargo vemos que no es así —dijo Julio.

—Sí. Lo que más le envidio son todos esos lugares a los que ha ido, todas las personas que ha conocido. Es usted toda una aventurera… —añadió Eloísa.

El rostro de Cristina se puso muy serio de repente.

—Perdón… Sí, conozco muchos lugares y personas importantes, pero nunca dije que hubiera ido ni que los conociera en persona —dijo con tono amable.

En segundos, Eloísa y Julio hicieron un repaso mental de todas las columnas que habían leído… y era verdad. Cristina hablaba con gran conocimiento de personajes, países y lugares de todo el mundo, mas nunca había dicho que los conociera en persona ni hubiera estado ahí. Ellos dieron por sentado con justa razón, porque hablaba con tanta familiaridad de esos temas que cualquiera lo habría supuesto.

—Pero entonces… ¿cómo? —preguntó Julio muy confundido.

En ese momento Cristina Sotomayor salió de detrás de su escritorio transportada por una silla de ruedas. Julio y Eloísa no lo podían creer.

—Años atrás tuve un accidente automovilístico —explicó Sotomayor—. Un hombre manejaba ebrio y chocó justo de mi lado; desde entonces no puedo caminar. Era muy joven en ese tiempo, y sí, tenía planes de viajar, conocer el mundo, tener aventuras como ustedes dicen; no obstante, estuve años en terapia para poder recuperar por lo menos el movimiento de la cintura hacia arriba. Fue en ese mismo tiempo que descubrí que de todos modos podía viajar y conocer personas interesantes y lugares exóticos —Cristina señaló a su alrededor—. Aquí está todo, en estos libros, enciclopedias, revistas. Yo no tuve que viajar, otras personas lo han hecho por mí. Posteriormente descubrí el Internet y la información fue extraordinaria. Sé que sería excelente viajar por mi propia cuenta, pero no dejé que mis circunstancias y falta de recursos me detuvieran de aprender o conocer. Leo mucho, voy a conferencias, tomo cursos por Internet, veo documentales... La tecnología no es sólo para chismear ¿sabían? Ja, ja, ja.

Los tres rieron. En ese momento Abraham entró a la habitación con una silla más y se unió a la plática. Eloísa y Julio estaban realmente impresionados. Nada de lo que habían esperado había sido como anticipaban; pero aun así, la visita había resultado extraordinaria. Estuvieron una hora más ahí y luego se despidieron. Al salir de la casa se sintieron como si fueran amigos de toda la vida.

Durante el camino de regreso a casa Julio y Eloísa casi no hablaron. Cada uno estaba sumido en sus pensamientos. Pero después de ese día, sin decir mucho al respecto, comenzaron a leer aún más, y una vez al año viajaban a un país diferente de donde le mandaban una postal a su nueva amiga.

EJERCICIO Y MÁS EJERCICIO

Tal como uno aparta tiempo para ir al gimnasio a hacer ejercicio, debemos entender que la mente también necesita ejercitarse y separar un tiempo para ello. Es muy importante hacernos un espacio para pensar y organizarla; darnos la oportunidad de tener ideas nuevas, soñar, etc. Los científicos han dicho que nuestro cerebro es como un músculo que tiene que ser desarrollado.

Se dice que un ser humano promedio usa sólo del ocho al diez por ciento del total de su capacidad cerebral. Entre más tecnología tenemos (computadoras, *iTunes*, *iPad*, *iPhone*, etc.), más creemos que usarla es bueno para que nuestra mente pueda descansar; así, alguien más lo hace por mí. Nos equivocamos pensando cosas como «no, yo no necesito retener información porque mi computadora tiene una memoria de veinticinco gigavatios».

Identifica tu mejor gimnasio

La mente necesita ejercicio y nosotros tenemos que trabajar con ella para ejercitarla. Quiero hacerte una pregunta: ¿en dónde se les ocurren a las personas sus mejores ideas? Déjame decirte que muchas veces es en la regadera. ¿Por qué? Porque están atrapadas en un lugar en el que no hay distracciones. No hay música, no hay personas alrededor demandando atención, no hay celulares ni textos que leer, no hay televisión, etc. Como no hay nada más que se pueda hacer, es el momento de pensar. Muchas veces al salir de la regadera nos maravillamos de las buenas ideas que tuvimos durante el baño porque organizamos nuestros pensamientos y hasta detallamos nuestro plan de trabajo para el día.

Sin distracciones alrededor, la mente hace ejercicio. Es muy importante tener en nuestra agenda diaria un tiempo para pensar.

Todos somos diferentes y cada quien puede pensar en donde más se le facilite. A algunos les gusta la completa soledad para pensar mejor. Otros piensan mejor cuando están haciendo alguna actividad física. Yo soy así. Tengo mucha energía física; mientras más la desgasto, más puedo pensar. Una de las razones por las que hago ejercicio físico es para poder pensar. Entre más ejercicio hago, más cansado se siente mi cuerpo y menos lata me da. Entonces mi mente puede tomar su lugar. Algunos piensan mejor acostados, claro que no dormidos, pero hay personas que se acuestan a pensar un rato para organizarse, ordenar sus ideas, etc. Yo solía hacerlo antes de dormir, pero se me venían muchas cosas a la mente y se me quitaba el sueño, así que tuve que optar por buscar mejores opciones. Ahora lo que hago es pensar por lapsos cortos enfocado en algo específico.

Debemos aprender a dominar nuestra mente, darle ejercicio, hacerla trabajar y desarrollarla.

La agudeza es agilidad mental, así que quiero darte algunas ideas que te pueden ayudar a ejercitarla.

- **El debate**
  Ponte a debatir sobre algún tema con alguien. Quiero aclarar que no estoy hablando de pelear. Mucha gente no tiene el dominio propio necesario para debatir con alguien sin convertir el asunto en algo personal. Aprende a debatir con otros sobre distintos temas.

- **Algunos pasatiempos**
  Haz crucigramas o juegos que te hagan pensar y recordar. Hay muchos juegos de mesa que te ayudan a desarrollar la mente.

- **Tiempos de enfoque**

  Otro buen ejercicio es tomar unos minutos de enfoque mental sobre algún tema. Proponte tomar diez minutos para repasar algo y revisar cada punto que pudiera ser importante.

- **La memorización**

  La memorización también es muy buen ejercicio. Por alguna razón oigo a muchas personas decir: «Antes a mí se me pegaban mucho las cosas, pero ahora... ya no». Hay que ejercitar la mente memorizando.

- **La observación**

  Otro buen ejercicio es observar algo que sea completamente nuevo para ti; esto es algo que a mí me gusta bastante. Observo muchísimo lo concerniente a mi campo: las iglesias, los seminarios, las campañas, etc., aunque también me gusta observar otras cosas que no tienen nada que ver con lo que hago.

  Te animo a que te salgas de tu burbuja. Te ayudará a producir agudeza.

- **La lectura y lo virtual**

  Dedicarse a la lectura y lo virtual es la manera de viajar y estar con otras personas sin salir a ningún lado. Hay individuos con los que jamás podrías estar, no obstante a través de sus escritos puedes entrar a sus mentes. Hay mucha gente en este mundo que es experta en su área y sabe muchas cosas, y tú puedes tener acceso a todo su conocimiento y su perspectiva con el simple hecho de leer sus libros.

  Puedes darte cuenta de cómo algunos alcanzaron lo que lograron cuando te metes a sus mentes a través de la lectura.

  También hay lugares y culturas que nunca experimentarás, pero por medio de lo virtual puedes ir y conocer sin salir a ningún lado. Eso es lo más maravilloso de la tecnología actual.

  ¿Quieres ser una persona aguda? Uno de los requisitos para

serlo hoy en día es que tienes que entender las culturas. Nosotros vivimos en un mundo multicultural, es decir, que diversas culturas se agrupan y viven en un mismo espacio geográfico. Hoy en día hay muchas ciudades cosmopolitas. Es muy importante que entendamos la diversidad que nos rodea. Nunca vas a lograr lo que deseas sin entender por qué los pueblos piensan de distinta manera.

Estoy solicitando mi ciudadanía mexicana y para prepararme he estado repasando la historia de México. Una de las cosas que más me ayudó a hablar el español fue entender la cultura mexicana. En la escuela de español nos obligaban a estudiarla y entenderla. Los estadounidenses no podremos hablar bien el español si seguimos con la mentalidad de gringos. Hay que entender la cultura para entender el idioma. ¿Cuántos idiomas se han tomado del latín? Muchísimos. Distintos pueblos tomaron la misma base y desarrollaron distintas lenguas.

Si visitáramos distintos países y conociéramos las diferentes culturas a través de la tecnología que tenemos hoy en día, sin duda eso nos ayudaría mucho para entender a las personas. En mi caso, leer y saber más acerca de la historia de México me va a hacer más agudo para desarrollar lo que estoy haciendo aquí.

Cuando leemos distintos libros, estamos leyendo los pensamientos de sus autores. Por ejemplo, el Dr. John Maxwell un tiempo atrás cumplió sesenta años y escribió un libro en el que relató lo que ha aprendido a lo largo de los años. ¿Sabes qué tan lejos está el Dr. Maxwell de ti? Tan lejos como la librería más cercana.

Mientras más estudio acerca del desarrollo personal, más me doy cuenta de por qué estamos como estamos. Tengo un fuerte anhelo de ayudar a la gente a romper con esa actitud de conformismo porque estoy convencido de que todos podemos ser personas agudas desarrollando el potencial que llevamos dentro.

Capítulo 8

ENTENDIENDO TU LUGAR...

El mesero

El restaurante estaba en su habitual desenfreno de las 3 de la tarde. No había ni una sola mesa vacía y los comensales tenían a los meseros corriendo de un lado a otro tratando de satisfacer sus exigencias. Parecía una tarde como cualquier otra, pero no era así.

Poco a poco la gente fue enfocando su atención en una mesa en especial. Las personas discretamente señalaban el lugar en cuestión y murmuraban sobre lo que ahí estaba sucediendo. Las mesas aledañas dejaban su plática y preferían entretenerse con el espectáculo poco común que se estaba dando entre el mesero y el cliente.

—¿Qué más se le ofrece, señor? ¿Le gustaría probar alguna recomendación de la casa?

—No, gracias, eso sería todo.

—Claro que sí, señor. En unos minutos le traigo su orden.

El mesero se fue a la cocina a paso apresurado. El visitante se quedó solo en la mesa y se le veía un poco incómodo sabiendo que todos lo observaban. Lo que había llamado la atención de la gente era la gran amabilidad y excelencia con la que el empleado lo atendía. Era como si él pensara que trabajaba en un restaurante de lujo. Algunas personas pensaban que el cliente era alguien importante y famoso, y que por eso lo trataba tan bien. Además, llamaba la atención que el cliente era un joven que tal vez apenas llegaba a los veinte años de edad, mientras que el mesero era un hombre bien parecido de algunos cincuenta y tantos. De pronto éste regresó nuevamente. Rápidamente acomodó en el centro de la mesa algunas salsas, salero, pimienta, servilletas y puso un platito con queso fundido y otro con pan.

—El queso fundido va por la casa. Esperamos que lo pruebe y si le gusta puede ordenarlo como entrada en su próxima visita. ¿Hay algo más que le pueda traer?

—Sí… —contestó nervioso el muchacho—, un vaso de agua por favor.

—Claro que sí, en un minuto se lo traigo.

El mesero se fue nuevamente. En un instante regresó con el vaso de agua. Lo puso sobre la mesa y se retiró. Quince minutos después regresó con la comida que había sido ordenada. Acomodó los platos frente al cliente.

—Gracias —dijo el muchacho.

—Es un placer, señor. ¿Algo más que necesite?

—Sí, más tortillas por favor. No creo que estas sean suficientes.

—Claro que sí. ¿Le gustarían de harina o maíz?

—¿Se puede de las dos?

—Por supuesto que sí.

—Muy bien, entonces de harina y maíz, por favor —dijo sonriendo.

—En un momento se las traigo.

Se fue apresurado y regresó con las tortillas calientes en el tortillero.

—Aquí están, señor. Lo dejo para que coma. Mi nombre es Alberto, y si necesita algo sólo avíseme y vengo en seguida.

—Gracias.

Alberto se retiró, pero mantenía su mirada atenta hacia su mesa, pendiente de cualquier indicación. El joven se quedó viendo su plato de comida. Tomó el tenedor y tocó su plato, pero no comió nada. Miró hacia todos lados. Se veía más nervioso que nunca.

Finalmente dejó el tenedor sobre la mesa y suspiró. Levantó su mano haciendo señas a su mesero. Alberto lo vio y rápidamente fue hacia él.

—Sí, dígame, ¿en qué le puedo ayudar?

—¿Podemos terminar ya con esto? —dijo el joven en tono de rendición.

—No sé, dime tú —le contestó el mesero.

—Está bien, usted tiene razón, así es como debí haberlo atendido. Le pido una disculpa.

Alberto se quitó el delantal y se lo pasó al joven, quien se levantó de la silla y se lo puso nuevamente. Alberto se sentó en la silla.

—Eso es lo único que quería escuchar —le dijo Alberto—. Sé que tu trabajo no es fácil, y aprecio lo que haces, pero si lo vas a hacer, hazlo bien. Yo soy el cliente, recuérdalo, y quiero que me trates como tal. ¿Está bien?

—Mmm

—¿Cómo?

—Que claro que sí, señor —dijo el joven mesero reaccionando y poniéndose firme.

—Muy bien, ahora por favor llévate mi plato para calentarlo. Seguro ya se enfrió.

—Por supuesto que sí, señor, no hay problema alguno. Por favor, acepte un café de cortesía por las molestias que le hice pasar.

Tomó el plato y se fue corriendo a la cocina. Alberto sonrió.

ENTENDIENDO
TU LUGAR

En toda relación interpersonal hay factores que gobiernan el comportamiento y el trato. No podemos conducirnos de la misma manera con todo el mundo. Tenemos que darnos cuenta y aceptar el hecho de que hay jerarquías en nuestras relaciones, distintos niveles. Según la posición, es la dinámica de la relación y el trato.

Muchos no quieren aceptar el hecho de que tienen «superiores» porque eso demanda un trato diferente. Vivimos en tiempos en los que nadie quiere oír hablar de jerarquías porque hay una manera de pensar muy común: «No, yo trato a todos igual; yo soy quien soy y soy igual con todos». La única manera como tú y yo vamos a lograr pasar tiempo con gente mejor que uno (como mencioné en el capítulo 3) es entendiendo cuál es nuestro lugar en cada relación.

Para comprenderlo mejor quiero darte algunos ejemplos de relaciones de distintas jerarquías: padres con hijos, maestros con alumnos, jefes con empleados, personas de edad con menores, expertos con inexpertos, instructores con aprendices, etc. ¿Qué significa esto? Que debe haber cierto respeto y humildad al reconocer la posición del otro.

La posición determina el trato

Según la estructura social, las culturas, e incluso, según la Biblia, la posición conlleva una jerarquía. Sé que este asunto pega fuerte a la inseguridad que podamos tener en nuestra vida y por eso muchos rechazan este hecho. Pero no porque lo rechacen deja de ser verdad. Erramos al tratar a todos de igual manera y perdemos terreno en las relaciones.

Hablando de la edad, hay una jerarquía entre mayores y menores. Según la cultura, el menor cede lugar al mayor. ¡Así es! No se trata de quién tiene la razón, si el mayor o el menor. Se trata de posiciones distintas. Estamos hablando de comportamiento y conducta dentro de una relación de dos individuos que tienen diferentes jerarquías. Cuando estamos con aquellos de más edad que nosotros, hay un factor que rige esa relación. Mi comportamiento hacia alguien mayor se basa en si yo entiendo, o no, que esa persona, debido a su edad, tiene otra jerarquía.

También es importante saber que una misma relación puede operar en varios niveles. Hay veces que los hijos trabajan con sus padres, y ellos son sus padres y sus jefes. También hay hijos que son jefes de sus padres. En cada circunstancia, la dinámica de la relación cambia. En otras palabras, muchas de nuestras relaciones son polifacéticas. En una faceta de la relación uno podrá ser el inexperto (menor), mientras que en otra puede ser el de la experiencia (mayor). En la medida que entienda su lugar se abrirá puertas para tener oportunidades de estar con otras personas.

Equivocaciones costosas

La dinámica en la relación entre expertos e inexpertos es que el inexperto siempre debe ceder el lugar al experto. A mí me asombra ver cómo los novatos normalmente tratan de dar a conocer al experto «su gran conocimiento» intentando hacerle creer que saben mucho. Pretenden ser expertos en todo, sin embargo al platicar un rato con ellos te puedes dar cuenta de que realmente no saben mucho de lo que dicen saber, pero por su inseguridad tratan de exaltarse a sí mismos. Lo que termina pasando es que su falta de seguridad no les permite estar con ciertas personas.

He visto a muchos que pierden su lugar y los he visto perder filo en su vida por no aceptar que en toda relación hay jerarquías, y eso les impide conducirse con sabiduría en las diferentes circunstancias. Qué ridículo sería que me acercara a Marcos Witt para hablar de música, o de la industria de la música, tratando de hacerle creer que estoy a su mismo nivel en esas áreas, siendo que él tiene como treinta y cinco años de experiencia ¡y yo no sé nada!

Desde 1985 Karla y yo dedicamos nuestro tiempo a ayudar a las personas a crecer en sus vidas espirituales, pero apenas en el año 2004 empezamos una iglesia cristiana y la pastoreamos. ¡Qué absurdo sería que fuera con algún pastor que tuviera quince años pastoreando y quisiera pretender que estoy a su mismo nivel! La experiencia que él haya acumulado durante esos años marcaría una clara diferencia.

Define de antemano las reglas

En la medida que una persona entienda su lugar y pueda conducirse en las relaciones, será más aguda y tendrá más oportunidades de estar con diferentes individuos que puedan agregar valor a su vida.

Entiende tu posición en los círculos donde te desenvuelves y define de antemano las reglas de comportamiento con las personas que te rodean en base a sus jerarquías. Eso te ayudará a tener claro cuál debe ser tu trato con cada una y evitarás en buena medida las equivocaciones costosas.

Mi papá aunque es joven, ya está jubilado porque empezó a trabajar desde muy chico en una empresa de aluminio. Él es muy activo y ahora está trabajando en una compañía de mi cuñado. Mi cuñado, el hermano de Karla, obviamente es mucho más joven que mi papá.

Él es administrador y dueño de una empresa que maneja millones de dólares anualmente. Tanto a la familia de Karla como a la mía siempre les han gustado mucho las reuniones familiares, así que con bastante frecuencia nos juntamos todos y pasamos un buen tiempo. En esas ocasiones mi papá y mi cuñado conviven como amigos; mi cuñado muestra mucho respeto hacia mi papá por la posición que le da su edad. Dentro de ese marco ellos juegan, compiten, se ríen, bromean, etc. En la compañía las cosas son distintas; mi papá es el empleado y mi cuñado es el jefe, así que su trato mutuo es muy diferente al que tienen en las reuniones familiares o en cualquier otro sitio fuera del lugar de trabajo. Si mi papá tratara a mi cuñado dentro de la compañía como lo trata en las reuniones familiares, algo tendría que cambiar; o no podría ser su empleado, o ya no podrían convivir tanto fuera de horas de trabajo porque esa familiaridad le estaría restando respeto.

Tenemos que aprender a conducirnos en nuestras relaciones, muchas veces a la misma persona le damos un trato diferente, según las circunstancias.

Quiero darte otro ejemplo: la convivencia que tengo con mi equipo de trabajo. Hay tiempos de convivio, paseos en los que se organizan diferentes juegos. A veces estamos en la cancha y todos nos regañamos y bromeamos mucho. Pudiera ser que después del juego siguiera un tiempo en el que yo fuera a dar una plática. Al salir de la cancha y prepararnos para la enseñanza, la relación ya cambiaría a otra faceta. Pudiera ser que yo diera alguna instrucción para preparar el salón o cualquier otra cosa. Si alguno del equipo no entendiera que es otro momento y siguiera bromeándome duro como en la cancha, seguramente habría problemas. Porque siempre que alguien es incapaz de comportarse debidamente en una relación tiene problemas por no entender que las relaciones y el trato deben cambiar según el *quién, cómo* y *cuándo*.

Quiero ampliar un poco más este mismo ejemplo. Pudiera ser que alguien de mi equipo no fuera suficientemente maduro para tener una amistad cercana conmigo al darse cuenta de que tengo mis lados fuertes y mis lados débiles. Si al ver mis lados débiles ya no siguiera recibiendo de mí, no podríamos tener esa relación polifacética. La relación tendría que cambiar por la incapacidad de la otra persona de conducirse en dos jerarquías: o no puede haber una amistad cercana o no puedo seguir siendo su líder.

Doy seminarios para líderes espirituales y en ocasiones me han preguntado qué tan cercana puede ser la relación entre un pastor y un miembro de su iglesia. Siempre les digo que eso depende. Si el miembro de la iglesia entiende el concepto y puede llevar la relación, el pastor puede ser muy amigo de esa persona y aun liderarla. Por ejemplo, si en mi caso veo que por tener amistad con alguien de la congregación ya no puede recibir de mí porque no sabe conducirse, entonces prefiero influenciarla como su pastor.

Quiero seguir ilustrando este punto con otro ejemplo. Les estuve hablando un poco de cuando empecé a trabajar con el Dr. John Maxwell y Marcos Witt hace varios años. Ahora lidero una organización que se llama Lidere y a veces me toca viajar con ellos. Recuerdo algo que sucedió un tiempo atrás cuando estuvimos juntos en un evento.

Estábamos todos en un convivio con muchas personas. Después de un rato sólo quedamos el Dr. John Maxwell, Marcos y yo. De repente el Dr. Maxwell empezó a hablar de ciertos asuntos de liderazgo. Hasta el día de hoy te podría decir exactamente qué es lo que dijo. En ese momento ya no éramos un grupo de colegas charlando sobre diferentes temas, ya estábamos en otra dinámica en la relación. Al observar la escena y vernos sólo a nosotros tres, inmediatamente me di cuenta de que yo era el menor. Menor de edad y menor en cuanto a trayectoria y experiencia, así que eso requería cierta conducta de mi parte. En ese momento cerré la boca y comencé a escuchar. Si no hubiera entendido mi lugar, hubiera tratado de llevarme de igual a igual con ellos, pero vi que era el menor y para cederles su lugar comencé a menguar. ¿Por qué? ¡Porque así deber ser! Comencé a hablar menos y ellos empezaron a hablar el uno con el otro, y yo... a escucharles. Sabía que no debían estar escuchándome a mí, sino yo a ellos, y sólo hablaba si alguno de los dos me preguntaba algo. Si hubiera tratado de ponerme a opinar e interrumpirlos, después de un tiempo, ya no sería bienvenido en una circunstancia igual. Sé que esto suena duro y pega directo contra nuestra inseguridad y autoestima, pero así es como debe ser.

Mi hija mayor Julianna fue a una escuela que hay en Australia. Al regresar me contaba que en ocasiones los maestros les piden a los alumnos que vayan al aeropuerto a recoger a algunos oradores invitados. Antes de ir, les advierten a los jóvenes: «Cuando estés con el orador en el auto, no digas ¡NADA!, a menos que él o ella te hablen a ti». Les están enseñando a los muchachos que hay niveles y jerarquías en las relaciones; y son jerarquías buenas. Generalmente la gente que está en un nivel superior es muy sencilla y trata de invitar a los inexpertos a la conversación.

Nuestra responsabilidad

¿Soy lo suficientemente grande en mi interior como para conducirme en mis relaciones polifacéticas? ¿Soy funcional o disfuncional en mis relaciones? ¿He llegado a madurar lo suficiente en mi interior para darme cuenta y aceptar cuando soy el menor, el inexperto en una relación? Esa es la única manera en la que podremos tener una relación de amistad con alguien que esté a un nivel más alto que el nuestro.

Nuestra responsabilidad es saber conducirnos a través de las jerarquías de nuestras relaciones. Si podemos hacerlo, vamos a desarrollar agudeza en nuestras vidas porque eso nos abrirá puertas y nos permitirá estar con gente mejor.

Capítulo 9

HAZLO TUYO...

HISTORIA

Correr

Fernando saltó del auto y salió corriendo. Apenas lo había estacionado bien cuando se precipitó a toda prisa hacia el edificio donde estaba su oficina. Era increíble que hubiera olvidado tan importantes papeles. Básicamente todos sus apuntes estaban ahí, y aunque casi se los sabía de memoria por tanto haberlos repetido y practicado, sin ellos estaba perdido.

Entró por la puerta del edificio, se identificó con el guardia, quien lo saludó con solemne respeto, y corrió al ascensor. Oprimió la tecla y esperó. Cada segundo se le hacía eterno. Consideró subir por las escaleras con tal de no estar esperando, pero en ese momento se abrió la puerta del elevador y entró en él. Monótonamente cambiaban los números indicando el piso en el que estaba. Fernando miró su reloj. Demasiado cerca de las 8:00 p.m. No estaba seguro si llegaría a tiempo. No obstante tenía que hacerlo, pues mucho dependía de ello. Después de haber invertido tanto dinero y trabajo en la publicidad, logística y todo lo demás, no lograrlo sería grave en todos sentidos; sobre todo, por la gente, que seguramente quedaría decepcionada. No, tenía que llegar a como diera lugar, cientos de personas estaban a punto de cambiar para bien, y él era el responsable de ello.

La puerta del ascensor se abrió y salió disparado hacia la oficina. A esas horas ya no había nadie trabajando. Las que normalmente eran unas oficinas llenas de barullo, ahora estaban en silencio y completa calma. Fernando corrió hacia la oficina principal saltando una silla como si fuera una carrera de obstáculos. Inmediatamente encontró la carpeta con los apuntes encima del escritorio, justo donde la había dejado. La agarró, se cercioró de que fuera la carpeta correcta y salió corriendo de vuelta. El desesperante ascensor otra vez y luego salir del edificio para subir al carro. Esa había sido la parte fácil, ahora habría que enfrentar el tráfico para llegar a tiempo.

Cuando había entrado a trabajar a esa compañía lo había hecho simplemente por tener un empleo y adquirir experiencia, pero muy pronto se apasionó por todo lo que se hacía ahí. Le dieron oportunidades que nunca pensó, responsabilidades importantes, sobre todo, la posibilidad de ser parte de algo más grande que él mismo, justamente como ese día.

Manejó lo más rápido que pudo esquivando autos, tomando atajos y pidiendo a Dios que no le tocaran semáforos en rojo. Miró su reloj. Era factible que lo lograra. Llegó a la universidad, manejó lo más cerca posible del auditorio principal. El estacionamiento estaba repleto. Se estacionó donde pudo y otra vez, a correr. Entró por la puerta trasera del auditorio, se identificó con los guardias de seguridad quienes al ver quién era lo dejaron pasar inmediatamente y uno de ellos lo escoltó por los oscuros pasillos. Dieron unas cuantas vueltas y finalmente Fernando pudo ver al señor Rodríguez de pie, esperando a ser llamado.

—Señor Rodríguez, aquí están sus apuntes —dijo Fernando al mismo tiempo que intentaba recuperar el aliento.

—¡Fernando! Muchas gracias, de verdad. Con tantas cosas en mi cabeza los dejé en mi escritorio pensando que sí los traía. Gracias por haber ido a recogerlos —dijo el Señor Rodríguez muy agradecido.

—No hay problema. Ah, y estuve pensando. ¿Recuerda cuando platica su historia de cuando conoció a su esposa?

—Sí, claro.

—Bueno, pensé que sería bueno ilustrarlo con unas rocas y un pañuelo. Conseguí unas y si quiere se las puedo pasar cuando llegue a esa parte.

—¡Muy buena idea! Bien pensado, eso puede funcionar muy bien.

Fernando sonrió. Luego miró su reloj. Eran las 7:58 p.m.

—Bueno, lo dejo para que se concentre, ya casi es hora.

El frío acero del nerviosismo cayó de golpe en el estómago del señor Rodríguez.

Fernando se alejó de ahí para ir a tomar un lugar cerca de la plataforma. Se sentía satisfecho. Enseguida escuchó que presentaban a su jefe y la gente comenzó a aplaudir. Eso le llenó de orgullo. Tal vez no le aplaudían a él, tal vez no era quien daba la conferencia, tal vez nadie sabría jamás su nombre, pero era parte de lo que estaba sucediendo. Había contribuido a que todas esas personas pudieran escuchar una de las mejores conferencias y así optimizar sus vidas. Fernando mismo era quien había conseguido que se diera la conferencia en esa universidad, el que había orquestado la publicidad en radio y televisión, y había ayudado por horas al señor Rodríguez a practicar su plática. Que nadie supiera eso no era importante para él; lo importante era que las personas aprendieran. Esa era la visión, ese era el objetivo y se había logrado.

Fernando caminó discretamente hacia la primera fila después de haber dejado las rocas y el pañuelo al alcance del señor Rodríguez. Antes de sentarse, dio un vistazo al rostro de todos los presentes en el auditorio... Sí, sin duda se sentía satisfecho.

HAZLO TUYO

No basta con ser responsable. Cuando haces lo que te piden eres responsable, pero no es hacer lo que te piden lo que marca la diferencia, sino hacer lo que no te piden, porque cualquiera puede cumplir.

Si no te conformas con cumplir con la norma y decides ir más allá, si decides hacer tuya la visión de la organización para la que trabajas, adquieres un rasgo distinto, ya no eres solamente un empleado que lleva a cabo sus tareas, sino alguien que aporta con entusiasmo para alcanzar el mayor éxito de la organización. ¡Todos quieren a alguien así en sus equipos!

No seas un «cumplidor»

No estoy buscando gente que sea únicamente responsable para que colabore conmigo en las diferentes organizaciones que lidero; estoy buscando a aquellos que tengan la misma visión, o que estén dispuestos a adueñarse de ella con la misma pasión. Las personas agudas siempre dan más.

Oigo a muchos decir que están buscando individuos responsables para sus organizaciones. Si lo estás haciendo, ellos te van a ayudar a llegar solamente a un cierto nivel. No debes andar a la caza únicamente de personas cumplidoras porque la responsabilidad sola, les llevará a un cierto grado. Es más, a veces ser responsable de acuerdo a lo que pensamos hoy en día, en términos reales significa ser desleal y más adelante te voy a explicar por qué. Quiero estar rodeado de quienes se adueñen de la visión o del trabajo que hagan, no de los que sólo cumplen con lo que se les pide, porque eso no es agudeza. La agudeza tiene que ver con hacer lo que no se te pide.

Cuestión de actitud

Adueñarse de la visión te lleva a hacer lo que sea con tal de que las cosas funcionen. ¡Lo que sea! En cambio los cumplidores no tienen esa actitud de «lo que sea», tienen la actitud de «voy a cumplir con mis responsabilidades y haré lo que me pidan». En nuestros conceptos de hoy en día eso es ser alguien responsable. Yo no quiero estar rodeado de los que «cumplan con sus responsabilidades» porque eso pondría toda la presión sobre mí. Tendría que estar cuidando, revisando y pidiendo cuentas. Por eso tenemos supervisores y toda una estructura burocrática en las empresas y a veces en las iglesias y en los gobiernos. ¿Por qué? Porque las personas no se adueñan de la visión, sino simplemente cumplen con sus tareas.

Cuando uno se limita a ser responsable, alguien más tiene que calificarlo. Alguien tiene que ver su trabajo y repasar cada área que tiene bajo su cuidado. En cambio, cuando eres dueño de algo, yo te aseguro que haces lo que sea para que las cosas funcionen, y eso es lo que hace a la gente aguda.

¿Mío... o tuyo?

A mí me gusta platicar con los que se expresan de la siguiente manera cuando hablan de su trabajo: «mi visión», «mi empresa», «mi iglesia». Nada me enfada más que oírles decir: «tu visión», «estamos contigo en tu visión». Cuando oigo a alguien expresarse así, yo lo corrijo cada vez que lo dice. Lo mismo cuando me dicen: «Me encanta tu iglesia». Entiendo lo que quieren decir, pero eso lleva a tener una mentalidad equivocada. No es mi iglesia, sino nuestra iglesia, y la persona que no se adueñe de la visión será una de las tantas que lleguen el día de reunión a sentarse a escuchar una enseñanza y despedirse hasta la próxima semana.

Lo mismo sucede con los que trabajan en una empresa. Llegan, marcan su tarjeta y cumplen con su horario, hacen su trabajo y luego se van. Hay una gran diferencia entre ser responsable y adueñarse de algo. Cuando uno se adueña de algo, la organización o la empresa deja de ser de alguien más y se convierte en mi empresa o mi organización. Pensando en los que asisten a nuestra iglesia, yo podría mencionar quiénes son los que la han hecho suya; y no porque lo digan sino porque se ve que es su visión y su iglesia. Eso es lo que hace a una persona aguda: tener la mentalidad de «lo que sea», lo que tenga que hacer. Si eso significa desvelarse toda la noche, levantarse a las cinco de la mañana, ensayar muchas veces… ¡lo que sea! ¿Por qué? Porque es mío. Esta es la diferencia entre quien dice: «mi organización, mi iglesia, mi visión» y el que dice: «tu organización, tu iglesia y tu visión».

He oído a varios líderes decir que les encanta cuando una persona llega y les dice: «Mi esposa y yo estamos contigo para apoyarte en tu visión», y se ponen muy contentos de oírlo. Mi manera de pensar es distinta. Creo que eso no es suficiente. Cuando esta visión se convierte en la tuya, ya estamos en el mismo canal. Entonces ya no necesito estar viendo con cada uno qué va a hacer y qué no va a hacer. Cuando la gente se adueña de algo, ya no tienes que estar animándola ni empujándola.

Ser solamente leal a la visión de otro no te va a hacer una persona aguda. Es muy fácil darse cuenta cuando alguien ve como suyo propio lo que está haciendo.

Cumplidor o desleal

En una ocasión que fuimos a Lima Perú, al llegar ahí había cuatro amigos esperándonos y cuando salimos de la aduana dos de ellos estaban riéndose mucho y me dijeron: «No vas a creer lo que pasó», y me empezaron a contar varias cosas que habían sucedido. Una de ellas tenía que ver con la pérdida de las maletas de uno de los que iban viajando con nosotros. Dentro de una de las que faltaban estaban unos papeles con toda la información que esta persona había recabado por meses enteros para planear ese viaje. Como las maletas seguían extraviadas, ya no teníamos la información de dónde habían rentado un auto, y otras muchas cosas que necesitábamos para nuestro viaje. Debido a que hablo español, me pidieron ayuda para hablar con las personas de la aerolínea, así que nos dirigimos con el encargado.

Al ir en camino para la aclaración, nuestra amiga me dijo: «Mira, Juan, ya hablé con ese señor y es muy grosero. No le importa nada». Al oírla pensé que probablemente lo que pasaba era que no se estaban entendiendo bien por la diferencia de idiomas. Al llegar al mostrador, empecé a hablar muy amablemente con el encargado. Inmediatamente me di cuenta de que nuestra amiga tenía razón. Me sorprendió de qué manera este hombre se lavó las manos de toda responsabilidad y le tiró el paquete a nuestra compañera, es decir, a su cliente. En pocas palabras le dijo que a ver cómo se las arreglaba porque la aerolínea no tenía la manera de rastrear la maleta, ni tampoco daban ese servicio. Le pidió que dejara el domicilio en donde se estaría hospedando y que ya que hubiera algo, le llamaría.

Le dije a ese hombre que podía llamar a Miami, en donde habíamos hecho la conexión, porque yo sabía que sí había posibilidades de rastrear la maleta. Cuando le propuse eso, me dijo que no podía hacerlo. Al ver su insistente negativa, lo vi a los ojos y me reí. Le dije: «Me doy cuenta de que eres un empleado de esta compañía, porque hablas como tal. Tienes muy encajonadas tus responsabilidades en cuanto a qué vas a hacer y qué no vas a hacer y cualquier cosa que se salga un poquito de tus funciones, no te importa en lo más mínimo. Lo único que quieres es cumplir con la norma». Este encargado pensaba que cualquier cosa que se saliera de sus obligaciones habituales ya era algo que iba más allá de su responsabilidad. Él quería «cumplir con su responsabilidad» y punto.

Con una actitud así, estaba siendo desleal con su compañía y haciéndole mucho daño. Ser responsable es muy distinto a ser una persona aguda.

La maleta llegó el quinto día después de nuestra llegada y nuestra amiga tuvo todas las molestias e inconvenientes que te puedas imaginar por no tener sus cosas, ni siquiera las más indispensables, en un país que no era el suyo. La aerolínea no mostró ningún interés por ello. Lo único que cínicamente dijeron fue que después de veinticuatro horas de tener perdidas sus maletas le podían dar veinticinco dólares.

Yo no podía creerlo, pero al empleado no le importó, porque sencillamente estaba «cumpliendo con sus responsabilidades» y las personas que sólo llegan hasta ese nivel a veces pueden ser hasta ridículas en el contexto del cuadro completo de su organización o compañía.

«¡Lo que sea!»

En ese mismo viaje paseamos por un mercado en donde había diferentes sitios en los que vendían distintas prendas de alpaca; la gente salía para mostrárnoslas sin que tuviéramos que entrar a sus tiendas. En una ocasión a mi papá le gustó un suéter de cierto color que no había en ese puesto. La señora que lo atendía salió corriendo por todo el mercado hasta encontrar uno en otro puesto con tal de venderle el suéter a mi papá. ¡Muy diferente a la actitud que tuvo el empleado de la aerolínea! Esa vendedora era la dueña.

Un dueño actúa muy diferente a un empleado, aunque este sea muy responsable. Yo ya dejé de buscar personas responsables. Quiero gente que se adueñe de la visión.

Por otra parte, si quieres que las empresas o las organizaciones se peleen por ti, sé una persona aguda, ten una actitud de «lo que sea» y ve más allá de la responsabilidad. Verás que tendrás muchas alternativas de trabajo.

Capítulo 10

TIEMPO, LA PERCEPCIÓN CORRECTA...

Tiempo

«Pasajeros del vuelo 213 con destino a Miami, favor de abordar por la puerta 14B. *Pasajeros del vuelo 213 con destino a Miami, favor de abordar por la puerta 14B*».

Dijo una voz amable por las bocinas de todo el aeropuerto internacional. Algunas personas se levantaron de sus asientos en la sala de espera y se dirigieron a la puerta en cuestión. Roberto se quedó en su asiento esperando. Su vuelo era hacia Michigan y era el número 8624. No debían tardar en dar el aviso de abordaje. Sólo esperaba que no tuviera ningún retraso; que no hubiera ninguna falla técnica en el avión, ni tuvieran que esperar a algún pasajero que llegara tarde. Roberto había viajado lo suficiente como para conocer todas las razones por las cuales un vuelo podría retrasarse, o incluso cancelarse.

Sacó rápidamente su *iPad* y revisó su agenda por veintava vez.

Había salido de su casa dos días antes por la mañana. Había viajado a la capital del país para tener una junta con unos proveedores, después tuvo una cena informal con ellos, y de ahí directo al aeropuerto. Ya dormiría en el avión.

El vuelo llegaba a las 7:00 a.m. a Chicago, así que programó varias citas comenzando desde las 10:00 a.m., justo con el margen para llegar a un hotel y bañarse. Había que aprovechar el tiempo lo mejor posible. Todo el día tenía citas, juntas, teleconferencias y personas con quienes hablaría y trataría de lograr acuerdos que beneficiarían a la compañía para la que trabajaba. La compañía contaba con él para cerrar los mejores tratos. Se saltaría la comida con tal de

meter dos citas más en su apretada agenda. Además, con que tomara café y algún refrigerio por allí era suficiente para mantenerlo en
movimiento. Tomaba taxis para llegar de un lugar a otro y el estrés
de que el taxista no tomara el camino más corto lo dominaba cada
vez que se subía al auto. Pero al final del día había podido cumplir
con todos sus pendientes en esa ciudad. Ahora era tiempo de ir al
hotel, dormir sólo por cuatro horas y luego levantarse para tomar el
siguiente vuelo hacia Houston.

En Houston iría a revisar una nueva fábrica donde probablemente fabricarían unas piezas que su compañía necesitaba. Los de
Houston aseguraban que podrían fabricar esas piezas a la mitad
del precio que entonces pagaban a su proveedor de China. Roberto sabía que César, su compañero de trabajo, estaba mejor capa-
citado para hacer esa revisión, porque él a eso se dedicaba, era su
fuerte. Sin embargo, no quiso delegarle la misión porque prefería
ver con sus propios ojos la fábrica, así ya no tendría la versión de
César solamente.

Estando en la fábrica, Roberto escuchaba lo mejor que podía
los datos, especificaciones y fichas técnicas que le daban. Sin entender mucho lo que le decían, se propuso memorizar todo lo mejor
posible, hacer apuntes en su *iPad* y luego, a su regreso, concertaría
una reunión con César y verían juntos la situación para poder tomar una decisión factible.

Pasó todo el día en Houston encerrado en una sala de juntas.
En ese momento le comenzó un fuerte dolor de cabeza que apaci-
guó con una aspirina y más café. Salió del lugar un poco confundido y se dirigió al aeropuerto nuevamente. Estando ahí se «refrescó»
un poco en el baño y se apresuró para llegar a su terminal. Ahora
sí, a Michigan, la cita más importante de todas. Si lograba firmar
el contrato haría ganar millones a su compañía. Tenía que ser muy

agudo en su presentación. Nada tendría que salir mal. Pero antes tuvo que hacer una escala para cambiar de avión en Atlanta.

Es allí donde se encontraba ahora, en la sala de espera del aeropuerto de Atlanta revisando su agenda en su *iPad* y deseando que su avión saliera sin retraso. Tenía que salir a tiempo, su agenda no podía moverse ni un minuto. Todo su trabajo estaba planeado y no podía cambiar, no se podía permitir el detenerse. Así había estado viviendo los últimos seis meses de su vida. Sin detenerse, sin respirar, sin una pausa para pensar. No había tiempo, ¡había tantas cosas por hacer! Se repetía una y otra vez que lo hacía por su familia, para darles lo que se merecían, aunque tuviera que sacrificar su tiempo con ellos. Todo gran hombre tenía que sacrificar algo, ¿no? Sin embargo esta vez todo estaba bajo control; ahora sí estaba bien marcado el octavo cumpleaños de su hija Anita en su agenda. Esta vez no se lo perdería. Si su horario se cumplía al pie de la letra podría terminar su viaje a tiempo y llegar a la fiesta de cumpleaños que su esposa había organizado.

Mientras observaba en la pantalla sus citas, nombres, horas y lugares sus ojos se comenzaron a cerrar. Se sentía tan cansado. Luchó por no cerrar los ojos, pero parecía que sus párpados pesaban una tonelada. Pensó en levantarse e ir a comprar un café, mas sus piernas no le respondieron, seguía sentado y su cuerpo se negaba a moverse rendido por el sueño. Roberto pudo sentir cómo su cuerpo se fue aflojando poco a poco y su batalla contra el sueño ya estaba perdida. Cerró los ojos, los abrió de nuevo y estaba en un cuarto de hotel.

Roberto miró hacia todos lados. No sabía dónde estaba. Vio la mesa de noche, la televisión enfrente de él, las cortinas de la gran ventana cerradas totalmente. La luz del baño estaba prendida y un poco de luz se filtraba por la puerta medio abierta. Estaba confundido, su mente no lograba asimilar lo que estaba sucediendo y aún no salía del todo de su sueño.

Miró el reloj que estaba en su mesa de noche. Marcaba las 12:45, pero no sabía si eran de la tarde o de la noche. Todo le parecía familiar, aunque no lograba unir todos los puntos.

El pánico finalmente le llegó... ¿Se había quedado dormido? Tomó el teléfono y marcó 0 para recepción. No le importaba hacer el ridículo.

—*Hi, my name is Joanna. How can I help you?* —le contestó la recepcionista del otro lado del teléfono.

—¿Dónde estoy? —preguntó Roberto.

—*Excuse me?*

—Where am I? Which city is this? —insistió Roberto ahora en inglés para que pudieran entenderle, pero en su corazón ya sabía la respuesta.

—*Mmm, we are in Chicago, sir. Are you okay?* —la recepcionista le contestó que estaban en Chicago en un tono de justa preocupación.

Roberto colgó, saltó de la cama, abrió las cortinas de golpe y el sol le cegó los ojos. Eran las 12:45 de la tarde. Se había quedado dormido y estaba en un hotel de Chicago. El corazón se le fue al estómago. Había perdido su vuelo, no había llegado a sus juntas. Ahora era imposible lograr todo lo que había planeado. ¡Perdería la fiesta de su hija otra vez!, y lo peor de todo es que ni aun dormido logró descansar porque sus sueños fueron sobre su trabajo y sus juntas.

Furioso revisó la alarma del hotel y la de su celular. Él había puesto las dos para evitar ese tipo de problemas, sin embargo pudo constatar que ambos despertadores funcionaban. Seguramente los dos sonaron y sonaron, pero no pudo despertar por todo el agotamiento. Roberto se sentó en la cama y tuvo que aceptar que era verdad. Su cuerpo finalmente se había revelado y se tomó a la fuerza el descanso que él se había negado a darle; ahora tendría que sufrir las consecuencias. Al creer que aprovechaba el tiempo realmente estaba abusando de él.

Dentro de todos sus pensamientos y tratando de sacar la moraleja a su situación, una sonrisa brotó de sus labios.

—Debí sospechar que la mitad de mi viaje era un sueño —se dijo a sí mismo.

—Ni siquiera tengo un *iPad*...

TIEMPO, LA PERCEPCIÓN CORRECTA

odos quieren tener un buen manejo de su tiempo, pero no muchos lo logran. En lo que inviertes el tuyo es en lo que finalmente conviertes tu vida. He platicado con personas que manejan más de 5 horas al día dentro de la ciudad, sólo trasladándose a los lugares que necesitan. Yo paso muchas horas volando en aviones y créeme que hago todo lo posible por aprovechar al máximo esos intervalos.

Irrecuperable...

Casi todo en este mundo se puede recuperar, pocas cosas se nos escurren entre las manos sin que podamos evitarlo, una de ellas es el tiempo. Me parece muy relevante hablar de él porque creo que muchas de las situaciones que vemos en la sociedad y enfrentamos en nuestras vidas personales, son el resultado de no entender la brevedad de la vida y la trascendencia del tiempo.

Irreversible...

Cada segundo que pasa es un segundo que NUNCA volveremos a vivir. El tiempo está relacionado de manera directa e inseparable con este mundo presente. Dentro de los límites de este mundo, todo lo que hay en él está sometido a su proceso, es un factor que el hombre no tiene el poder de cambiar. Nadie puede interrumpir su avance, ni tampoco revertirlo.

El tiempo algún día se va a acabar. Pero como individuos ni tú ni yo necesitamos ser testigos del día que llegue a su fin; probablemente nos toque antes enfrentar un momento en nuestra vida en el que el nuestro no sea más.

Alguien lo expresó diciendo que *el reloj detrás de todos los demás relojes es el corazón humano*. Cuando ese reloj que todos tenemos dentro deje de latir, los demás dejarán de funcionar y habremos pasado a la eternidad.

Esta vida es muy corta, nadie sabe qué hora marca su reloj. Nadie puede verlo, sólo Dios. Uno de los autores de la Biblia lo expresó de esta manera:

«*¿Qué es su vida? Es como la neblina que aparece por un poco de tiempo y luego desaparece*».

En otras palabras, lo que ese texto nos está diciendo es: ¡Despierten! porque no hay tiempo que perder. Cuando menos pensemos nuestra vida habrá pasado y ojalá cuando lleguemos a ese momento no tengamos que lamentarnos de haber desperdiciado nuestra única oportunidad.

No hay nada más trágico en la vida que llegar al final y darse cuenta de que ha recorrido el camino equivocado.

Enfoque y decisión

Por esa misma razón es muy importante tener **enfoque**; saber de qué se va a tratar tu vida y tomar la **decisión** de dedicarte a ello.

Tener enfoque es tener la habilidad de mantener tu atención y esfuerzo en *algo*, resistiendo distracciones. Vivimos en un mundo en el que abundan; hay millones de «opciones» para todo y si no nos cuidamos, podemos distraernos y perder el rumbo.

Fugas de tiempo

A continuación hay una lista de las cosas que más roban nuestro tiempo:

- **El desenfoque**
  Estar desenfocado es estar metido en todo sin tener una visión clara. Sin enfoque vamos a estar malgastando nuestro esfuerzo y nuestro tiempo en cosas que no son importantes.

  Alguien dijo que hay dos días determinantes en la vida de cada persona. El día que nace y el día que descubre para qué. Enfócate en desarrollar lo que va de acuerdo con tu propósito en la vida y no te distraigas.

- **La inseguridad**
  Hay mucha gente que siente la obligación de decir que SÍ a todo para que nadie se decepcione de ella. Mira, si tú vives así, déjame decirte de una vez que de todos modos habrá personas que se decepcionarán de ti porque siempre sucede... ¡Bienvenido a la vida!
  No escojas tus prioridades basado en agradar a otros.

- **La mala coordinación del calendario**
  Necesitamos ser cuidadosos en la planeación de nuestro calendario. Cuando hay mucha demanda sobre nuestro tiempo tenemos que ser muy agudos y selectivos con los compromisos que tomamos.

  Yo viajo bastante y ha habido períodos en mi vida en los que he cometido errores con la coordinación de mi calendario. Me acuerdo de una ocasión cuando llegué a un país donde tenía que dar una conferencia. Llegué con tan poca anticipación que tuve que salir del aeropuerto, llegar directo al hotel para bañarme y de allí irme inmediatamente al auditorio a hablar de principios de liderazgo con un grupo de empresarios. Recuerdo que mientras estaba hablando pensaba «¿Esto es verdad o estoy soñando?». Creo que los oyentes ese día estaban pensando lo mismo. Es una realidad que no podemos dar lo mejor de nosotros mismos cuando estamos fatigados.

- **El desorden en la familia**
  Los desórdenes familiares nos consumen mucho tiempo y muchos son el resultado de haberlo administrado mal.

La mayoría de los desórdenes giran alrededor de dos causas principales:

*Problemas matrimoniales
*Tener una vida que gire alrededor de los hijos

Una clave para evitar este tipo de problemas es invertir tiempo en nuestra familia. **Nunca pierdes** cuando sacrificas otras cosas por pasar lapsos con ella. La recompensa es enorme a la larga. Nunca he conocido a una persona que al final de su vida haya dicho: «Pasé demasiado tiempo con mi familia». Sin embargo, son millones los que han dicho lo opuesto.

Dale lo mejor de ti y busca siempre el balance. Si eres casado y tienes hijos, no permitas que tu vida de pareja gire alrededor de ellos. No es sano ni para tus hijos ni para tu matrimonio. Uno de los mejores legados que puedes dejarles es el ejemplo de un matrimonio fuerte y estable.

Necesitamos establecer bien nuestras prioridades. No robes tiempo a la familia para dedicarlo a otras cosas. Nunca te dará buenos resultados y afectarás todas las áreas de tu vida.

- **Los vicios**

  Al oír esta palabra muchas veces pensamos en un alcohólico, drogadicto, fumador, etc. Pero hay hábitos desordenados que a veces no identificamos como vicios y por eso mismo crecen y cobran fuerza contra nosotros. Toda actividad que nos controle es perjudicial para nuestra vida y es un vicio. Puede ser CUALQUIER cosa que te consuma y afecte tu capacidad de tomar decisiones; desde consumo de sustancias hasta Internet o videojuegos fuera de control. Cualquier cosa que te domine. Cuando alguien tiene un vicio pasa todo el tiempo pensando en satisfacerlo. Si hay algo en ti sobre lo que no tengas poder, algo que te controle, necesitas reconocer que requieres de ayuda.

  Para llegar a ser una persona aguda es primordial que tengamos la capacidad de liderarnos a nosotros mismos.

- **Los problemas interpersonales**

  Los problemas emocionales desgastan como ninguna otra cosa porque las emociones nunca descansan. Una clave para evitar problemas interpersonales es aprender a soltar, no tomar ofensas. Perdona a quien tengas que perdonar, empezando contigo mismo. Aprende también a tener relaciones sanas.

- **El cansancio**

  El descanso apropiado, tanto físico como emocional, es indispensable para tener agudeza. Realmente no hay ningún substituto para ello. No podemos ahorrar descanso, así que hay que descansar de manera constante y sistemática.

  El cansancio físico o mental puede convertir a la persona más aguda en un desordenado total. No seas de los que piensan «yo aguanto», no te va a traer buenos resultados ni a mediano ni a largo plazo.

  Las personas que anhelan la agudeza normalmente no batallan con la flojera. Son arrojadas, emprendedoras y activas.

Su desafío mayor es dedicarse a las cosas que son importantes para poder dar lo mejor de sí en todo tiempo.

El ENFOQUE nos ayuda a evitar caer en estas trampas que roban nuestra vida.

La disciplina y el enfoque van siempre de la mano. Si somos disciplinados estaremos enfocados; si no estamos enfocados es porque nos falta vivir con disciplina.

CONCLUSIÓN

Una lección de vida

Las personas que desarrollan su agudeza son persistentes. Al igual que un cuchillo se pasa bastantes veces por la lima para sacarle filo, la vida de uno tiene que pasar por muchos desafíos y pruebas para afilarse. Sin una actitud de «nunca rendirse», uno mismo se sale del proceso que puede producirle agudeza.

Los que alcanzan grandes cosas o logran gran éxito en la vida no siempre son los más inteligentes ni los más talentosos. Frecuentemente son personas ordinarias con una actitud de persistencia que simplemente no se rinden ni dan pasos atrás. La decisión de nunca sacar el pañuelo blanco para rendirte hará mucho para ayudarte a avanzar hacia la agudeza.

El desarrollo de nuestras vidas es un proceso y sé que vivir ese proceso diariamente aplicando con constancia lo que te he comentado en este libro, te ayudará a ser una persona aguda.

Reflexiona conmigo acerca de esto:

La persistencia

No hay nada en este mundo que pueda tomar el lugar de la persistencia.

El talento no lo hará; no hay nada más común que un hombre fracasado con talento.

El ingenio no lo hará; es incalculable el ingenio que nunca es recompensado.

La educación no lo hará; el mundo está repleto de tontos muy educados.

La persistencia y la determinación juntas, son casi invencibles.

La palabra *adelante* ha resuelto y seguirá resolviendo los problemas de la raza humana.

Yo me conozco bastante bien, pues he vivido conmigo mismo desde el año de 1964. Sé muy bien que soy un hombre muy sencillo, sin muchos dones y talentos. No digo esto para menospreciarme, sino más bien para jactarme de lo que Dios puede hacer con una persona ordinaria que tiene pasión por la agudeza y no se rinde. Dar pasos hacia adelante todos los días es la clave.

Recuerdo que cuando era un niño, mi padre con mucha frecuencia me llevaba a pescar sobre el hielo. Me levantaba a las cuatro de la mañana para llevarme una hora en auto hasta un lago gigantesco. Después de caminar unos dos kilómetros desde la orilla llegábamos al lugar favorito de mi papá; a una temperatura de alrededor de veinte grados centígrados bajo cero, eso era la muerte.

Como todo buen niño de ocho años, no podía resistir la tentación de acercarme a los hoyos de donde pescaban. Distraído por estar jugando, siempre caía en el agua helada, y al sacar mi bota, en pocos minutos quedaba congelada. La respuesta de mi papá ante esto siempre era la misma: «Te dije que no te acercaras a los hoyos. Ahora te aguantas el frío». Llorando le rogaba que me llevara al auto para calentarme. No lo hacía, aunque sí me decía: «¿Ves la orilla?», apuntando a la que estaba a un par de kilómetros y agregaba: «Fíjate bien en un punto, no quites tus ojos de él y camina hacia allí sin parar».

Al comenzar a caminar me parecía que nunca llegaría, pero al persistir en medio de lo duro y resbaloso del terreno que pisaba, poco a poco me iba acercando. Semana tras semana pasaba lo mismo y yo tenía que caminar los mismos dos kilómetros vez tras vez. Después de algunos inviernos aprendí que los muchos pasos constantes siempre me llevaban al lugar cálido que quería llegar. Desarrollé una persistencia que me hacía aguantar lo que fuera, con tal de alcanzar ese punto que siempre al principio se veía tan lejano.

¿Quieres ser agudo? Entonces quiero que recuerdes esa misma frase que siempre me decía mi padre: «Fíjate bien en ese punto, no quites tus ojos de él, y camina sin parar hacia esa dirección».

Nos agradaría recibir noticias suyas.
Por favor, envíe sus comentarios sobre este libro
a la dirección que aparece a continuación.
Muchas gracias.

vida@zondervan.com
www.editorialvida.com